JN228378

モンスターと化した韓国の奈落

アメリカが反日・文在寅を断罪する

古森義久
Yoshihisa Komori

ビジネス社

はじめに　韓国を奈落に落とす大統領

日本にとって韓国とはなんなのだろうか。

もちろん隣国である。日本と同じ民主主義国家である。日本がかつて統治した地域である。そして日本に対していつも負をぶつけてくる国でもある。

糾弾、嫌悪、背信、虚偽、誹謗《ひぼう》……国と国との間ではとにかくネガティブな矢が放たれる。怒り、憎しみ、怨み、嘆き、ののしり……国民のレベルでも、ひっきりなしに黒い感情がぶつけられる。

なぜなのだろうか。どうすればこの陰鬱《いんうつ》な状況を変えられるのか。

いま現在、日本国民の多くが韓国についてこんなことを考えるのではないだろうか。私も一人の日本人として、さらには国際問題にかかわる観察者として、韓国についてのこうした課題をよく考える。

もっとも日韓関係は否定的な要因ばかりではない。両国の間には国家、社会、国民それぞれの次元で独特の絆《きずな》や親しみもある。日韓友好と呼んでもよい側面もある。なにしろ一つの同じ国だった歴史も存在するのである。

だがいまの文在寅《ムンジェイン》政権下の韓国からはそうしたポジティブな要因を完全に押し流す濁流《だくりゅう》のような反日のうねりが押し寄せ続ける。

戦時の慰安婦や労働者の問題など歴史がらみの案件、韓国軍による自衛隊機への射撃準備のレーダー照射や、軍事情報共有の協定の破棄という安全保障にかかわる案件、さらには日本製品のボイコットや皇室や日本国旗への侮辱まで、韓国側の動きは不当、無法、理不尽としか呼びようがない。

文在寅政権は日本をいったいどうみているのか。とにかく叩かねばならない宿敵とみるのか。文政権に限らず韓国一般に、なぜこれほど日本への悪意や敵意が広がっているのか。

そんな日本嫌いの韓国とはそもそもどんな国なのか。そしてその韓国に日本はこれからどう対応していくべきなのか。

私が本書で光をあて、答えを探ろうと試みたのは、こうした諸課題である。

いまの日本では韓国や韓国民、とくに文在寅大統領とその政権を分析する報告や評論は多数、出ている。それらはみな日本からみた韓国、あるいは日韓関係という二国間の文脈での韓国論のようである。

だが本書は同じように韓国を読み、その特徴を探るとはいえ、その視座にアメリカという存在を据《す》えた。

アメリカからみての韓国とはどんな国家なのか。アメリカにとって文在寅大統領とその政権はなにを意味するのか。そしてアメリカは日韓対立をどうみるのか。

こうした諸点について主としてアメリカの首都ワシントンから報告してみた。

私はワシントンで新聞記者、ときには研究者として長年、活動してきた。アメリカの対外政策、とくにアジアがらみの政策を考察し、報道や論評をしてきた。その過程では韓国、そして北朝鮮を含めての朝鮮半島の動きを追うことも多かった。

本書ではそうした過去の経験を踏まえ、いまのトランプ政権下のアメリカが文在寅政権下の韓国をどうみるかに主要な光をあてた。

韓国にとってアメリカは日本以上に重要で特別な国である。安全保障上の同盟を通じて依存する相手である。歴史をみても韓国はアメリカに建国を支えられ、朝鮮戦争では救われた経緯さえある。

韓国にとってアメリカは日本のように自国を完全に統治された相手ではないから、負や怨の感情をぶつける根拠もない。そんな立場のアメリカが韓国をどうみるかは、日本にとっての貴重な指針となろう。

日本からはみえにくい韓国の実像虚像もアメリカからだとまる見えという側面も少なくない。その一方、アメリカの韓国への認識や批判が日本のそれと驚くほど似ているという側面もある。その意味ではアメリカを通じて韓国を眺め、その特徴をつかむことは一種の立体的な三角測量としての効用があるだろう。

とくにいまのトランプ政権が文政権をどうみるかは興味深い。これまた意外なほど日本の文政権観と一致する部分が多いのである。

ワシントンでのこうした韓国調査、米韓関係探査を進めるうえで私の脳裏に何度もよみがえったのは近年の米韓関係では最悪の局面が生まれた盧武鉉《ノムヒョン》大統領時代の状況だった。二〇〇三年二月に大統領に就任した盧氏は親北、親中、反日、反米の姿勢をみせた。とくにアメリカに対しては韓国は米中両国間に立つバランサー（仲介者）になると宣言し、米韓同盟からの離脱に等しい態度をとった。アメリカ側からは猛反発を受けた。

米韓同盟を骨抜きにして二〇〇八年に退任した盧武鉉氏は汚職の疑惑を追及され、翌年五月には岩壁から墜落して不慮の死をとげた。「大統領になろうとしたことはまちがいだった」という遺書を残しての自殺だった。文在寅氏はこの盧武鉉大統領の最側近だった。

いま文大統領は盧大統領にきわめて似た政策をとっている。だから文氏がそんな道をこのまま進む先には盧氏のような墜落のイメージがちらついてしまう。墜落といってもいろいろな意味があるが、いまのままの暴走や迷走は韓国全体を奈落に落とすことにもなりかねない。そんな悲劇だけは起きてほしくないと、本気で願う次第である。

なお本書の執筆にあたっては、ビジネス社の唐津隆社長から有益なご教示をいただいた。そのことへの謝意を述べたい。

古森義久

二〇一九年十一月

第三章　トランプ大統領は文在寅大統領が嫌いだ！

第四章　韓国はなぜ「反日」しかないのか

第五章　米韓関係は破局なのか

第六章　日米韓関係、その屈折した歴史

第七章　赤化する朝鮮半島、日本がとるべき針路

第一章

アメリカも失望した韓国の反日

モンスターと化した韓国

韓国という存在は、いまや日本にとって**奇怪なモンスター**のようになった。決して誇張ではない。条理を無視し、情緒に駆られ、悪意や敵意をぶつけてくる。どう控えめにみても、問題国家である。

その問題国家の韓国はアメリカからみると、どうなるのか。

本書では主としてアメリカからの光を韓国という存在にあてることにした。私がワシントン駐在の記者として取材を続けてきた二〇一九年末のいま現在の時点までの「アメリカからみる韓国」の報告である。

その背景として私には通算三十年ほどのワシントン駐在体験がある。その長い年月、毎日新聞、産経新聞の記者としての私にとって韓国、そして朝鮮半島は常に主要な取材対象だった。その体験を基にアメリカにとって歴史的にみて韓国とはなんだったのか、という視点からも、このアメリカからの韓国論を進めたい。

韓国とはいったいどんな国なのか。韓国民とはどんな人たちなのか。日本にとってなにを意味する国家であり、国民なのか。

最近の日本では、こうしたことをいやでも考えさせられる。日本にとっては深く太い絆《きずな》を持つ隣国の大韓民国が、日本に突きつけてくる課題があまりに多いからだ。

このような日本での韓国の考察にとってもアメリカからの韓国報告は役立つだろう。

それにしても韓国の文在寅《ムンジェイン》政権が最近、日本に対してとっている言動は、とくに日本という立場にこだわらず、ごく常識的、国際的にみても、常軌を逸している。

一九六五年の日本と韓国の国交樹立にともなう条約や協定で、はっきり決められた条項を無視して、韓国側の最高裁判所に相当する大法院は、戦時労働者個人が日本の企業に対して損害賠償を求める権利を認める判決を下した。

日本は韓国に巨額の資金を「援助」という名目で寄贈した。国交回復の六五年の日韓両国間の取り決めにより、三十五年間に及んだ日本の朝鮮半島統治の間に生じた韓国側の損害をめぐる諸問題は、公的にも個人的にも、もうその時点で決着したことが合意された。

日本が巨額の資金を賠償の意味までもこめて韓国政府に払うことで、韓国側の個人の賠償もすべて韓国政府が払うことが合意されたのだ。それは盧武鉉《ノムヒョン》政権も二〇〇五年に公開した外交文書で認めていたことだった。だが韓国の文在寅政権はこの合意をひっくり返したのである。

三権分立のシステムの下では行政と司法は異なり、政府は裁判所をコントロールできないのだという文大統領の弁解も空疎《くうそ》にひびく。

二〇一五年に成立した慰安婦問題の合意も同様だった。日韓両国の外相は日本が資金を払って財団をつくり、元慰安婦だと主張する女性たちへの慰めの資金を払うことで、この問題、つまり慰安婦問題はもうすべて決着ずみとみなすことに合意した。「不可逆的な終結」とされた。だが文政権はこの財団を廃止し、外相合意を反故《ほご》にしてしまったのである。

日本政府は韓国政府のこうした無法な措置に対して、別箇の独自な措置として半導体材料の「フッ化水素」「フッ化ポリイミド」「フォトレジスト」という三品目について韓国への優遇措置を撤回した。それまでの優遇措置対象国、つまりホワイト国のリストから韓国を除いたのだった。

韓国の政府も産業界もこの措置に激しく反発した。「政治や歴史の問題に対する不当な報復措置だ」と抗議した。現実的に報復の意味があったとしてもおかしくはない。

だが日本政府は「報復」を否定し、韓国側が前記の半導体材料を含む軍事転用可能な物資を北朝鮮などに流していると指摘し、ホワイト国リストからの排除はあくまで安全保障上の措置だと説明した。

以上が一九年七月から八月にかけての動きだった。

GSOMIA破棄で米国の態度が一変

八月二十二日には韓国政府は日韓両国間の軍事情報包括保護協定（GSOMIA）の破棄を突然、発表した。アメリカ政府も日本政府も予測しない動きだった。

この協定は日本と韓国がいずれもアメリカの同盟国という立場を踏まえて相互に軍事情報をシェアしあうという取り決めだった。二〇一六年にできたばかりの協定だった。

協定は一年ごとに自動更新されることとなっていた。終了させる場合は更新期限の九十日前までに相手国へ通告することとなっていた。今回は八月二十四日がその期限だった。だから韓国政府は八月二十二日に更新の停止を決めて、その旨を日本側に伝達したのだった。

この動きは**事実上の協定の破棄**である。ただし現行の協定は一九年十一月まで有効ということになっていた。

韓国政府のこの措置に対して、それまでは日韓対立に関して、わりにひかえめな態度をとってきたトランプ政権が強く反発した。

八月二十八日、トランプ政権の国防総省でインド太平洋を担当するランディ・シュライバー次官補が韓国の文政権への明確な抗議を表明したのだった。

その舞台はワシントンの有力研究機関「戦略国際問題研究所（ＣＳＩＳ）」だった。同センターでシュライバー次官補は「米日韓三国の安保体制について」という題で演説をした。そのなかで文政権の措置への断固とした反対を述べたのだった。

「アメリカ政府は韓国政府の今回のＧＳＯＭＩＡに対してとった措置に**強い懸念と失望**を表明する」

私もこの集まりに参加していた。水曜日の午前十時からの集会だったが、トランプ政権を代表するシュライバー次官補の公開の場への登場とあって、多数の関係者たちが詰めかけていた。熱気さえ感じさせる集まりだった。

シュライバー次官補は言明を続けた。

「いまほど米日韓三国の安保協力の体制が必要とされるときはないのに、韓国のＧＳＯＭＩＡからの撤退はその体制を傷つけ、三国にとっての競合相手を利することになる」

同次官補はこう述べて、米日韓三国への潜在敵として北朝鮮や中国、ロシアの国名を具体的にあげたのだった。

そのうえに韓国に対して明確に再考を求めた。

「アメリカ政府として韓国政府が今回の措置を再検討し、ＧＳＯＭＩＡに再び加盟することを強く要求する」

同盟国に対して**「強い懸念と失望」**の表明というのはきわめて珍しい抗議だった。トランプ政権の文政権に対する不満がはっきりと表れていた。

しかもシュライバー次官補は韓国の今回の破棄の措置に関して、トランプ政権は事前に通告を受けておらず、突然の事態に衝撃を受けたとも述べていた。

米韓同盟に亀裂、ますます強固になった日米同盟

ここでトランプ政権の怒りともいえる韓国への厳しい反応が、こうして公式に表明されるまでのワシントンでの事態の動きをさかのぼって追ってみよう。

韓国による日本とのGSOMIA破棄は、アメリカにどんな影響を与えるのか。この点をめぐる論議はかなり活発だった。

この議論は日本と韓国のいまの対立に対してトランプ政権はどちらを支援するのか、という疑問への答えとも密接にからみあっていた。

しかしワシントンの当面の懸念はやや意外なことに日韓関係のさらなる悪化よりも、米韓同盟への悪影響に向けられる様相となったのである。

トランプ政権としては韓国へのいらだちや落胆であり、文在寅政権への批判の高まりともい

えそうだ。逆に日米同盟はさらに強化の道を進むようにみえるのが皮肉でもある。文政権は対日関係だけでなく、対米関係でもみずからを**離反と孤立の方向**へと追い込んだといえそうだ。

日韓両国間のインテリジェンス共有の協定を韓国が破棄するというニュースは、アメリカ側のニュースメディアでも大きな出来事としていっせいに報道された。ただしアメリカの一般国民がみな驚くという種類のニュースではなく、テレビでの扱いはごく地味だった。

しかしワシントンの国政の場、とくにアメリカの安全保障にかかわる関係者たちの間では重大なニュースとなった。

アメリカ国防総省のイーストバーン報道官は八月二十二日、韓国のGSOMIA破棄決定に関し「国防総省は文在寅政権がGSOMIAの更新を停止したことに対し、**強い懸念と失望**を表明する」と言明した。

同盟国同士の公式声明で「強い懸念と失望」の表明はきわめて珍しいほど強硬であり、トランプ政権の文政権への激しい憤慨までが感じられる反応だった。シュライバー国防次官補の言明もこの路線に沿っていたのである。

イーストバーン報道官はまた「われわれ（米日韓）の相互の防衛や安全保障の絆の堅固さは日韓関係の他の領域での摩擦にかかわらず、確実に保たれねばならない」とも述べ、今回の韓国の措置がその**「絆の堅固さ」に逆行する**という不満を明確にした。

同報道官はさらに「情報の共有は（米日韓が）共通の防衛政策と戦略を策定するのに必須だ」と指摘し、「アメリカと日韓が団結と友情をもって一緒に取り組めば（三国の安保の連帯は）いっそう、強力になり、北東アジアもより安全になる」と訴え、「日韓両国が速やかに対立を乗り越えることを促す」とも述べた。

トランプ政権の北朝鮮の非核化という戦略目標や中国の軍事脅威への対処という観点からも、いまの状況下ではアメリカが日本、韓国の両同盟国との安保上の結束を強めることが超重要だとする政権全体のコンセンサスは明白だった。その認識からの韓国への期待、そして失望だったわけである。

トランプ大統領も八月九日、ホワイトハウスで記者団に対し、「韓国と日本はともにアメリカの同盟国なのだから良好な関係を保ってほしい。でないとアメリカを困難な立場に置くことになる」と述べ、関係修復を強く促していた。

その関係修復への当面の期待の象徴がGSOMIAの自動延長だったわけである。その期待が無惨にも裏切られたのだから、トランプ大統領の文在寅観のさらなる悪化は論理の帰結ともいえた。

韓国に対しての同じ期待はマーク・エスパー国防長官、スティーブ・ビーガン北朝鮮担当特命代表（その後、国務副長官）からも直接に表明されてきた。

トランプ政権として日韓対立の解消に直接の調停はしないものの、日韓両国がこれ以上、関係を悪化させる措置はとらないことへの期待を述べている。とくに更新期限の迫っていたGSOMIAの延長を韓国側に要請するという動きだった。

だが文政権はこのトランプ政権からの二重三重の要請をはねつける結果となったわけである。

アメリカ側の民間の韓国のGSOMIA脱退への反応は同様に手厳しかった。

前述のCSISの朝鮮研究部長ビクター・チャ氏は八月二十二日、今回の韓国政府の決定に対する見解を発表した。

チャ氏は二代目ブッシュ政権の国家安全保障会議（NSC）でアジア部長などを務めた朝鮮半島情勢研究の専門家である。いまは民間にあって、トランプ政権とは一歩、距離をおいた立場にある。だが共和党寄りの人物であり、トランプ政権からは一時は韓国駐在大使の候補に擬せられたこともあった。

チャ氏の見解でも韓国への批判が明確だったことが注目された。

チャ氏の見解の骨子は以下だった。
・GSOMIAは北朝鮮の動向に関してアメリカとその同盟国の日韓両国との切れ目のないイ

ンテリジェンス共有を可能にしてきた。この協定は一度、破棄されると、とくに韓国内の政治的な障害のために、再度、発効させることはきわめて難しい。

・韓国によるこの動きは日本に対する**復讐的な措置**であり、米日韓の三国の協力を弱めることにより、とくに米韓同盟を弱体化する。

・どんな動きも真空のなかでは起きない。この動きはアメリカの同盟システムに反対している**北朝鮮、中国、ロシアを利する**ことになる。

チャ氏のこの見解も最大の比重は米韓関係の弱体化への懸念においていた。つまり韓国の今回の決定は日韓間の安保上での協力よりも、年来の米韓両国間の同盟を崩しかねない、という分析だった。

やはりアメリカにとって困るのは、文在寅政権の動向だという意味である。

アメリカ側のこうした一連の反応のなかで明確だったのは、**日本への批判めいたコメントがまったくない点**である。

日本はGSOMIAの継続を期待するという立場をはっきりさせていたから、アメリカ政府にとっても味方だったわけだ。

その結果、期せずしてアメリカと日本との同盟関係はこれまでよりもまた強化され、堅固になるという見通しが浮かんできたといえる。

しかしその一方、ＧＳＯＭＩＡの日本の安全保障にとっての効用は、この協定自体が三年ほど前まではまったく存在しなかったのだから、ある意味では日韓安保関係は従来の状態に復帰するともいえそうだ。

日本としては対米同盟が堅固な限り、韓国が保有する北朝鮮関連の情報類もアメリカ経由で入手できるわけであり、実務的、実利的にも今回の事態は日本への大打撃ではないだろう。

一方、文政権はトランプ政権の激しい不興を買ったことは確実である。そもそもトランプ・文関係は冷たかったため、文政権にとって対米関係の運営はいっそう難しくなるだろう。

困るのは北朝鮮への偵察衛星も持っていない韓国軍

だがそれでもなお、こうしたアメリカの韓国のＧＳＯＭＩＡ脱退への反応には奇妙なところがあった。

韓国政府のこの措置を批判し、米日韓三国安保体制が弱くなるから、と非難しながらも、トランプ政権でも、アメリカ連邦議会でも、民間一般でも、それほどは**深刻な反響がみあたらないという点**だった。大変だ、大変だ、と口ではいいながらも、本当の態度にはそれほどの大変さが感じられない。そんな奇妙さだった。

すでに述べたようにトランプ政権は文政権に対して、GSOMIAからの撤退はしないようにと事前から要請していた。だが文政権はそのアメリカの要請を無視する形で突然に撤退を発表した。本来ならば同盟国のアメリカの面子《メンツ》を露骨に潰《つぶ》したことになる。アメリカがショックを受け、激怒してもふしぎはないだろう。

しかし現実にはトランプ政権内外ともに、衝撃とか激怒と呼ぶにふさわしい反応が感じられないのだ。なぜなのか。

少し取材を進めるうちに、この疑問に対する答えが浮かんできた。

韓国の軍事情報収集の能力がそれほど高くはないことがまず第一の理由だった。北朝鮮という「すぐ目前の明白な危険」に直面しながらも、韓国が独自で取得する北朝鮮情報が意外と少ない、というのだった。

GSOMIAは日本との軍事インテリジェンスの共有の協定だが、韓国は日本とくらべてもその種の軍事秘密情報を集める能力が劣っている面があった。

このあたりの実態をワシントンを拠点とするアメリカ側の軍事専門家が明らかにしていた。

韓国がGSOMIA脱退を発表してすぐのことだった。

朝鮮半島の軍事情勢に精通したアメリカの専門家が韓国には北朝鮮内部のミサイル発射の動

向などを探知する偵察衛星の能力がないため、その能力を持つ日本にくらべて同協定の破棄はずっと不利になるという見解を公表したのだった。

この専門家は現在、ワシントンの安全保障研究機関「民主主義防衛財団（FDD）」の上級研究員を務めるデービッド・マックスウェル氏だった。同氏は韓国のGSOMIA脱退についての見解を防衛問題専門誌の「ディフェンス・ニュース」（八月二十九日号）に論文として発表していた。

マックスウェル氏はアメリカ陸軍の将校として在韓米軍参謀本部に勤務し、とくに在韓米軍の特殊作戦部長を務めた。そのほか在日米軍や国防総省での在勤経験を持つ。

また、陸軍大佐として二〇一一年に退役した後はアメリカ国防大学やジョージタウン大学で朝鮮半島の安全保障などについて教えてきた。同時にFDDの研究員としても調査や研究を続けてきたという。

同論文は**「韓国は北朝鮮とその支援国の手中に陥っている」**と題され、韓国が日本との軍事情報を交換する協定の破棄を決めたことの誤りや危険を強調していた。

なかでもとくに注目されるのは、韓国には独自に北朝鮮内部の軍事動向を探知する人工衛星での偵察能力がまったくないという指摘だった。

その一方、日本にはその偵察能力があるから、GSOMIAの破棄はむしろ韓国にとっての不利な状況を招くのだという。

同論文はその点について以下のように述べていた。

「韓国と日本は二〇一六年十一月に北朝鮮の弾道ミサイル発射と通常戦力作戦に関する秘密情報をも含めての軍事情報を交換するための直接の交信ラインを提供する協定のGSOMIAに調印した。韓国側の人工衛星による情報取得の能力はけっきょくのところ、南北軍事境界線の南側の領域対象だけに限られている。対照的に日本の自衛隊はその軍事境界線の北の北朝鮮軍の動向を偵察できる偵察衛星数基を保持している。GSOMIAはこうした両国間の情報収集ギャップを埋めるわけだ」

これ以上には韓国の偵察衛星の欠落自体には触れていなかったが、韓国が現在にいたるまで北朝鮮領内を偵察できる独自の人工衛星は使用も保持もしていないことは、韓国側からの情報でも明らかとなっていた。

考えてみれば、驚くべき現実だった。

北朝鮮は長年、韓国を公然たる敵とみなし、いつでも軍事攻勢をかけるかのような言動をとってきた。トランプ政権の圧力により最近こそその敵対的な姿勢を変えたがなお、北朝鮮の実際の韓国に対する軍事脅威は変わってはいない。

その韓国が北朝鮮内部のミサイル発射や地上部隊の進撃の動きをつかむ人工衛星を持ってい

ないというのだ。

韓国の中央日報などの報道によると、韓国政府は二〇一七年八月にレーダー搭載衛星四基と赤外線センサー搭載衛星一基の計五基の偵察衛星を二〇二一年から三年間で打ち上げて、運用するという計画を発表した。

しかしこの計画が完成する二三年までの約六年間は、北朝鮮のミサイル発射の兆候を探知する方法がなく、韓国軍は偵察衛星の「レンタル」というアイデアを思いつき、諸外国に打診したという。

このあたりの実情は日本側でも産経新聞の軍事専門記者の岡田敏彦氏が一七年九月に詳しく報道していた。

韓国政府はイスラエル、ドイツ、フランスの三国に偵察衛星の借用を求めたが、いずれも断られたというのだ。その結果、いまにいたるまで韓国は独自の北朝鮮偵察用の衛星を持っていないのである。この韓国の態度を岡田氏は楽観や怠慢が原因だとして、批判していた。

一方、わが日本は北朝鮮のテポドン・ミサイルの脅威への自衛策として二〇〇三年ごろから北朝鮮の軍事動向を探知できる人工偵察衛星の打ち上げ計画に着手した。

日本は一三年には光衛星とレーダー衛星という二種類の偵察衛星の組み合わせの打ち上げにより、北朝鮮内部の動きも探知できる能力を実際に持ち始めたのである。

人工衛星の寿命は四、五年とされるため、日本の衛星もその後、曲折をたどったが、一九年十一月の現在でもなお光衛星二基、レーダー衛星五基の運用体制が保たれているという。つまり人工衛星での情報収集に関しては、韓国より日本が北朝鮮内部の危険な軍事行動を察知する能力がずっと高いということなのだ。

マックスウェル氏はだからこそ韓国が日本との軍事情報交換の協定を破棄することは韓国自身にとって賢明ではないと断じるわけである。韓国が自分の首を絞めるような行為だということだろう。

もちろん韓国にとっては北朝鮮の軍事動向に関する情報源は人工衛星以外にもあるだろう。たとえば北朝鮮内の通信傍受やスパイや脱北者からの情報提供などである。だが偵察衛星の役割も非常に大きいことは自明であろう。

アメリカはもちろん人工衛星での情報収集は日本よりずっと能力が高い。韓国政府はGSOMIAがなくてもアメリカからの直接の情報入手はなお可能のままとなる。だがそれでもなお日本からの情報を遮断《しゃだん》する措置は害はあっても益はない、ということだろう。愚かな行為だと断じざるをえない。

現に一九年十月はじめ、北朝鮮が潜水艦発射弾道ミサイル（SLBM）らしいミサイルを発射すると、韓国政府は日本になおGSOMIAに基づく情報の提供を求めてきたという。

ＧＳＯＭＩＡは韓国が更新しない方針を八月に表明しても、協定の実効は三ヵ月後の十一月までは残っているのだ。だから十月はまだその期限切れの前なのである。

こんごはもう必要ないと宣言したはずの日本との協定をまだ利用して、新たな情報の提供を求めるという韓国の政府や軍の態度には呆《あき》れるほかない。

マックスウェル氏はこの論文で韓国のＧＳＯＭＩＡ破棄が米韓同盟に悪影響を与える点をも強調していた。

トランプ政権のエスパー国防長官はこの八月の韓国訪問での文在寅大統領との会談でＧＳＯＭＩＡの継続を相互に確認しあったと解釈していた。だから文政権の今回の措置を裏切り行為に近いとするアメリカ側の反応もマックスウェル論文では伝えられていた。

同論文はまた韓国の措置はアメリカの政策にも害を及ぼし、逆に**北朝鮮とその背後にいる中国やロシアを利することになる点**を強調して、韓国政府への非難を繰り返していた。

であっても、アメリカにとって韓国のＧＳＯＭＩＡ脱退は驚きのショックも、軍事情報収集上の重大な実害も、とくにないということだろう。このあたりに韓国の文在寅政権の真の悲劇が存在するのかもしれない。

北朝鮮へのアメリカの本音

しかしアメリカと韓国、そして日本と韓国の同盟や安保協力のあり方の食いちがいでカギとなるのは、北朝鮮の軍事脅威の実態である。

いま漂流が始まったような米韓同盟でもその抑止力の最大対象は、いうまでもなく北朝鮮の軍事動向だった。北朝鮮の軍事面での能力や意図が韓国とアメリカにとって現実の脅威なのかどうか。

当然、日本も当事国となる。北朝鮮の軍事脅威の実態は日本の安全保障にとっても重大な課題だからだ。そのうえ、日本人拉致《らち》事件の解決という日本独自の悲願がある。北朝鮮という国家のこんごのあり方は、常にこの拉致事件の行方そのものにからんでくる。

ではまずトランプ政権がいま北朝鮮の軍事動向をどうみているのかを報告しよう。

アメリカの北朝鮮に対する軍事脅威も表面でみる限り、最近ではかなり希薄となった印象である。

トランプ大統領自身が北朝鮮の金正恩《キムジョンウン》朝鮮労働党委員長と会談を重ね、金氏へのほめ言葉ともとれる言辞を続けていることがその最大の理由だろう。

第二には金委員長自身が核兵器の破棄を口にするとともに、長距離弾道ミサイルの開発停止を強調する。「平和」という言葉を繰り返して、軍事を後退させた姿勢をみせる。

だが北朝鮮が強大な軍事態勢を小さくしたり、弱くしたという形跡はまったくない。長年にわたり、アメリカとの軍事対決を続け、韓国への侵攻意図を明確にしてきた軍事強国としての基本を実際に変えた証拠はないのである。

アメリカはこの現実は熟知している。トランプ大統領が金委員長との「友好」や「協力」を語るのも、北朝鮮の完全な非核化をとにかく実現させようとする優先目的のための交渉上の戦術とみるべきだろう。

つい最近まで世界でも最も危険な存在のようにみなされた金委員長はいまでは平和の使者のようにまでイメージを変えた。こんな北朝鮮をトランプ政権は本音としてどうみるのか。

このあたりのアメリカ側の本音としての認識を知るには二〇一八年三月中旬の太平洋統合軍ハリー・ハリス司令官（現在の韓国駐在アメリカ大使）の上院軍事委員会での証言が最も有力な指針となるようだ。

金正恩は国際的な「無法者」

一八年三月といえば、トランプ大統領はすでに金委員長との首脳会談を含めて北朝鮮の核兵器破棄という大目標を打ち出していた。実際の金委員長とのシンガポールでの初の首脳会談はその三ヵ月後の同年六月だった。その時点で米軍全体を代表して証言したハリス司令官の報告はトランプ政権全体の見解の表明だといえる。

ハリス司令官はそれまでの三年間、インド太平洋の広大な陸海空を管轄する米軍全体の最高司令官を務め、すでに退役と転進が決まっていた。太平洋統合軍司令官としての最後の議会登場がこの証言だった。

この統合軍の陸軍、海軍、空軍そして海兵隊は日本や韓国をもその守備範囲とする。とくに在韓米軍は長年、北朝鮮の軍事脅威とは正面から対峙《たいじ》してきた。ハリス司令官が指揮する太平洋統合軍にはその在韓米軍も含まれる。なお太平洋統合軍はその後、インド太平洋統合軍へと改編された。

ハリス司令官のこの証言はアジア太平洋の域内での軍事情勢を、とくにアメリカとその同盟諸国にとっての脅威や危機の現状を議会に向けて報告し、米軍側がその現状に対してどのような抑止や防衛の態勢をとっているかを伝えていた。

そのなかでも北朝鮮についてはきわめて詳細、かつ具体的にその軍事動向を報告していた。このハリス証言はいまのアメリカ側の北朝鮮への総合的な認識だといえる。証言後、一九年十一月の現時点にいたるまで北朝鮮の軍事態勢に大きな変化はないからである。

ハリス司令官は北朝鮮の動向の総括としては以下のようなことを述べた。

「金正恩は長年にわたって、国際的な規則や責任、そして抑制された言動に対する侮蔑《ぶべつ》の念を数えきれないほど誇示してきた」

この表現を簡単にまとめれば、**金正恩という人物は国際的な無法者**だということである。

ハリス氏がこの厳しい総合評価を述べた一八年三月中旬といえば、金委員長がすでに米韓両国への唐突な微笑外交を始めた後である。だがハリス氏は次のようにも証言していた。

「私は昨年（二〇一七年）、朝鮮民主主義人民共和国こそ私たちにとって最も切迫した脅威だと証言したが、その脅威の水準はこの一年にさらに高まった。北朝鮮の弾道ミサイルと核兵器の能力が広範な国際的抗議や国連安保理の制裁追加にもかかわらず、高まったのだ」

そのうえでハリス司令官は、北朝鮮の核兵器や長距離ミサイルの開発の最近の軌跡を細かく報告していた。アメリカや韓国や日本を脅しつける北朝鮮当局の好戦的な言明の数々をも紹介していた。

とくに日本や韓国への北朝鮮の軍事脅威について次のように警鐘を鳴らした。

「北朝鮮は世界で第四の規模の百二十万もの軍隊を維持し、長距離ロケット、火砲、短距離弾道ミサイルを多数、備え、通常戦力でも韓国や日本への脅威となる。これらのロケット類は化学兵器や生物兵器をも発射できる。高度に訓練された特殊作戦部隊は金正恩のさらなる奇襲攻撃の手段である」

北朝鮮はアメリカが最大の懸念の対象とする核兵器だけでなく、非核の通常戦力でも異様なほどの規模の軍隊や武器を保有し、いつでも大規模な攻撃をかけられる態勢を整えているというのだ。

この報告はトランプ政権の見解であると同時に、最近の世論調査や専門家の発言をみると、**アメリカ官民の全体の懸念**だともいえる。

この懸念が改めて表明された後、北朝鮮は対外的に平和や和解をますます大きく対外宣伝の表面に打ち出すようになった。その結果、アメリカ、日本、韓国いずれの国でも北朝鮮の脅威への認識が変わってきたことも事実だろう。

ところが北朝鮮はいくら平和や和解を説いても、この懸念を減らすための実効措置はとっていないのだ。核実験やミサイル発射実験の凍結とか、核実験施設の爆破という措置は大々的に宣伝してみせた。

だが北朝鮮は実際に核兵器や弾道ミサイルを破棄はしていない。核施設の爆破というのも、もうすでに老朽化して使われていない施設の入口だけの破壊だった。実体のある核兵器や弾道ミサイルの削減とか破棄はなにもないのだ。

そうなると、ハリス司令官が一八年三月中旬に指摘した北朝鮮の軍事脅威は基本的にはまったく**いまもそのまま**、ということになる。だからこそハリス証言に現在の意味があるのである。いまや熱心に「平和」を求める金委員長の背後には、こんな現実が揺らがないまま、厳存するのだ。

だからこそ北朝鮮の軍事脅威の現状をしっかりと認識しておくことが重要なのである。

その北朝鮮はいまや中国との距離を縮めてきた。金正恩政権は非核化をめぐるアメリカとの駆け引きのために中国への依存、あるいは中国の利用とみえる動きをとりだしたのである。

北朝鮮の軍事脅威のこうした現状を知るとき、韓国の文在寅大統領の北への宥和姿勢はますます危険にみえてくる。

トランプ大統領の厚い信を得たハリス氏は、この証言の二ヵ月後の一八年五月には韓国駐在の大使に正式に任命された。

ハリス氏が北朝鮮や中国について表明してきた認識はオバマ前政権時代から一貫しており、議会でも超党派の同調を得てきた。活動の拠点を朝鮮半島へと移した氏の言動は日本外交にとっても意味ある基準となるだろう。

文在寅を激しく批判する米国議会

韓国の文在寅大統領が北朝鮮に対して、ハリス氏のような脅威の認識を抱いていないことは明白である。

そうでなければ、日本との軍事情報の共有の協定を脱退して、アメリカの不興を買っても構わないとする姿勢をとらないだろう。

しかもトランプ政権が朝鮮半島情勢に関して、当面の最大課題として重視する北朝鮮の完全非核化という目標についても、**アメリカに協力的ではない形跡**があらわだった。対米同盟、対米関係の軽視だともいえよう。そのため文大統領はアメリカ議会での信頼や支持をも失っていった。

そのアメリカ議会での具体的な動きを報告しておこう。

「韓国の文在寅大統領はアメリカの北朝鮮非核化を妨げ、アメリカの法律に違反している疑いさえある」――こんな重大な非難がアメリカ連邦議会上院の超党派有力議員二人から公式に表明された。

二〇一九年二月のことだった。文政権への不信や不満は、アメリカ議会にも広がってきたことの例証として注目される動きだった。

上院外交委員会の民主党筆頭メンバーのロバート・メネンデス議員と共和党有力メンバーのテッド・クルーズ議員は同年二月十一日、連名でトランプ政権のマイク・ポンペオ国務長官に書簡を送り、そのなかで**文大統領の最近の北朝鮮に関連する言動を厳しく非難**した。

同書簡はトランプ政権が文大統領のその種の動きに抗議し、変更させることを要求していた。

この書簡の内容は二月十五日付のワシントン・ポストの報道などで明らかにされた。

ワシントン・ポストは同紙外交コラムニストのジョシュ・ロギン記者が直接にメネンデス、クルーズ両議員から得た情報を基に、いまのアメリカ議会全体に強まる文大統領批判をも強調する記事を掲載していた。

同報道によると、書簡の骨子は以下のようだった。

・最近のアメリカ議会には北朝鮮が完全な非核化への本格的な動きをとらないうちに韓国の文在寅大統領が金正恩政権に経済的な利益を与えるという一方的な譲歩に対して、**広範な超党派の懸念**が広まった。ポンペオ国務長官が文政権に対して圧力をかけて、この種の動きを止めさせることを求める。

・二回目の米朝首脳会談が近づいた現在、文政権が北朝鮮への圧力を弱める早計な措置をとることはトランプ政権が誓約したCVID（完全、検証可能、不可逆的な非核化）の実現への機会を侵食し、アメリカ政府を過去の歴代政権が冒してきた先のみえない不毛な交渉へと引きこむことになる。

両議員の書簡は以上のようにきわめて辛辣《しんらつ》な批判を文大統領に対してぶつけていた。そのうえでトランプ政権の国務長官に文大統領の北への宥和の停止を求めよと要求するのだ。書簡のなかに「二回目の米朝首脳会談が近づいた現在」とあるように、二回目首脳会談はこの書簡の内容が明らかになった十二日後の二月二十七日にベトナムのハノイで開かれた。

上院外交委員会といえば、アメリカ議会全体でも非常に強い影響力を持つ機関である。しかもメネンデス議員はその委員会の民主党側のトップ、クルーズ議員は一六年の大統領選挙でトランプ氏と競った共和党の有力議員である。この二議員の党派を超えた連帯によるトランプ政権への要求はパワフルだといえる。

同書簡はさらに具体的に文大統領の言動を手厳しく糾弾していた。

・文政権は北朝鮮領内での南北合同の工業施設の再開や南北共同の鉄道の建設、欧州連合

（ＥＵ）や他の国際的な北朝鮮に対する制裁の解除を目指す言動をとってきた。この種の動きはみな**北朝鮮に完全な非核化を実行しないですむ動機**を与え、米韓両国を離反させる効果をもたらす。

・北朝鮮に対するいまの経済制裁は国連安保理の一連の決議とアメリカの独自の法律に基づいて実施されている。韓国の文在寅大統領が独自の措置をとってそれらの制裁の効果を緩めることは、これらの**国連やアメリカの法規に違反**することになりうる。

メネンデス、クルーズ両上院議員のポンペオ国務長官あての書簡は以上のような諸点を強調していた。

両議員は文政権はこのままだとトランプ政権の北朝鮮の非核化という大目標の達成を阻むことになるとして、内外に警告を発し、トランプ政権が文政権に対して断固たる意思表示をすることを求めていた。

ロギン記者は上記の報道のなかで、文大統領がこのような北朝鮮への宥和政策をとる限り、トランプ政権が北朝鮮の完全非核化を達成することは難しくなり、金正恩政権の米韓離反という長年の戦略目標に寄与することになる、と警告していた。

同記者は同時に、アメリカ議会での**文政権嫌いの志向がますます高まった**ことをも改めて指摘していた。

二回目の米朝首脳会談がこれだけ近くに迫っていた段階でロギン記者が「アメリカ議会の外交委員会の二人の有力議員が文在寅大統領を批判する書簡をトランプ政権の国務長官に送った」ことを詳しく報道したのは、アメリカ側一般での韓国現政権の北朝鮮への傾斜に対する反発を重視しているからだといえよう。

韓国大統領府が2019年11月に公表した日韓首脳による面談のこの写真は、韓国側が日本側に無断で撮影、公開していた。日本はエチケット違反に対韓不信を強めている

第二章

日韓対立、非は韓国にあり

日韓対立の原因は文在寅にあると批判した米国の韓国研究学者

日韓対立の激化に対してアメリカはどう対応するのか。日本と韓国と、どちらの主張が正しいと判断するのか。トランプ政権は**日本と韓国のどちらに非がある**とみるのか。

前章で報告したのは主として韓国の日本との軍事情報包括保護協定（GSOMIA）からの離脱に対するアメリカの反応だった。

韓国のそうした動きの背後には、北朝鮮の軍事脅威に対するアメリカとは大きく異なる認識があることを説明した。韓国の文在寅大統領はトランプ政権が至上の課題とする北朝鮮の完全非核化についても熱心ではないことをも報告した。

だがアメリカは、日本と韓国との今回の対立のそもそもの原因についてはどうみるのか。韓国のGSOMIA離脱はその対立の原因というよりも、むしろ結果だった。ではその原因についてはアメリカはどんな判定を下しているのか。

日本側としても非常に強い関心をひかれる点である。なにしろアメリカは日韓両国にとっての貴重な同盟国なのだ。しかもアメリカは巨大な超大国である。そのアメリカもついに真剣な注意を日韓対立に対して向けるようになった。

そんな状況下でアメリカでも有数とされる韓国研究学者が、日韓対立の原因は韓国の文在寅大統領の過ちのためだと厳しく批判する見解を発表した。

アメリカでは最近の日韓関係の悪化への懸念がトランプ政権をはじめとして広まるなかで、その原因がどこにあるかについては官民ともに明言する関係者はきわめて少なかった。一方に加担して他方からの激烈な反発を受けたくないという配慮からの慎重姿勢だったといえよう。

だが、この研究者は**「非は文大統領にあり」**と明確に主張したのだった。

その舞台はワシントンの大手シンクタンクの「ヘリテージ財団」だった。同財団が二〇一九年八月七日に開いた「日韓貿易紛争」と題するシンポジウムである。

このシンポジウムにパネリストとして登場したアメリカ学界でも有数の韓国研究学者とされるスコット・スナイダー氏が「非は韓国側にあり」とする意見を堂々と述べたのだった。

同氏は「いまの日韓対立は文在寅大統領が国内政治のために対外政策を政治利用し、対日関係を犠牲にする形にした結果だ」とする見解を語ったのである。

また文政権の動きは一九六五年に成立した日韓国交正常化条約に違反するとして「文大統領が国際条約の順守を怠ったことの責任を私は批判する」とも述べた。

スナイダー氏は現在はアメリカ民間の超党派の外交政策機関「外交関係評議会」の上級研究員兼米韓政策研究部長である。九〇年代からスタンフォード大学、アジア財団、アメリカ平和研究所などに所属して、韓国研究を第一の専門とし、米韓関係、朝鮮半島情勢をも研究対象としてきた。

スナイダー氏は多くの調査結果の報告書や著書、論文類を発表してきた。同氏はハーバード大学の大学院で朝鮮半島研究を終えた後、韓国にも滞在し、延世大学での研究やアジア財団のソウル駐在代表なども務めた。アメリカ国内では韓国研究の有数の権威として知られてきた。

私はスナイダー氏の実績は以前から知っていた。同氏は日韓両国間の歴史問題などでは、日本よりも韓国の主張の支持に傾くことが多かった。学者としての客観性や中立性を疑わせるほど偏った意見こそなかったが、韓国と日本との摩擦案件でも日本の立場を支持することは少なかった。いわゆる**「日本びいき」のアメリカ人学者ではまったくない**のである。

だからこそ今回の彼の意見の表明には率直にいって、驚かされた。

そのスナイダー氏が八月七日のシンポジウムでは討論パネルの冒頭の発言者として、日韓対立についての見解を語ったのだ。

そのなかで日韓対立の原因について「文大統領が慰安婦問題での日韓外相合意に基づく財団を解散し、さらに元徴用工問題での韓国最高裁の大法院の判決を放置したことが対日政策を誤らせた」とも述べて、日韓対立の原因はまず文政権にあるとの見解を示したのである。しかも日本側の動きについては批判の対象としては言及しなかった。

スナイダー氏が同シンポジウムでの意見発表と、その後の質疑応答で文在寅政権について述べた趣旨は次のとおりだった。

・いまの日韓対立では私（スナイダー氏）が心配するのは、文在寅大統領が国内政治のために**国際関係や対外政策を政治利用し、政治化**してしまったことだ。大統領就任後、最初は対日関係もうまくいっていたが、まもなく慰安婦問題での日本との合意で設立された財団を解散し、元徴用工についての韓国大法院の判決を日韓関係の前面におくことで、自分自身を箱詰めにしてしまった。

・三権分立とはいえ、行政のトップの大統領には国内政策と対外政策の適切なバランスを保つことの**特別な責任**がある。その特別な責任は六五年の日韓条約を含めての国際条約を守ることも含む。対日関係にも十分な注意を払い、総合的な国益の推進を図るべきだ。文大統領は国内での支持率だけは上がったが、その責任を果たさず、外交への十分な配慮なしに対日関係を韓国内の民族主義的感情で押し流すことを許した。

・文大統領は慰安婦と元徴用工の問題を使って日本側に改めて過去の（朝鮮半島併合などの）諸問題への反省や謝罪を一気に強いることを狙《ねら》ったようだが、この**考えは明らかにミステーク**だった。このような方法で日本側を強制的に追い詰め、謝罪を強いても誠意ある反応が得られないのは明白だからだ。この点、同大統領は日本との対話をすることを求めず、韓国内のナショナリスト的な波を広げることを許した。

・韓国大法院が日本企業からの戦時の朝鮮半島出身の労働者への賠償金支払いを命じる判決を下したが、その判決はそれなりに尊重されねばならないとしても、国内政治が日韓関係を犠牲にする事態を避けるのは大統領の責任だ。私は韓国側で一時出た、韓国民間あるいは日本の民間からの資金の寄付を得て、その支払いに当てるという案に賛成する。

以上のような発言をしたスナイダー氏は全体の状況について改めて「私は文大統領が対日関係を守るために政治的なリーダーシップを発揮しなかったことに批判的だ」とはっきり述べて、日韓対立の原因が文大統領の側にあるという認識を明確にしたのだった。

アメリカ側では日韓両国の対立はそもそも原因がなにであり、責任や非はどちらにあるのかという点については、官民とも明言を避ける傾向が強かったことはすでに述べた。

ところが今回のスナイダー氏の発言は、この自粛を脱する形で韓国側の問題点を鋭い表現で指摘した点が注視されたのだった。日本側にとってもきわめて貴重なアメリカ側識者の見解だといえよう。

日韓対立のこんごのさらなる激化では、アメリカの反応も重要な意味を持つことになる。その際にさすが超大国らしい公正で率直な見解も存在することは、日本側としても十二分に意識しておくべきだろう。

日韓関係悪化の過程

アメリカ国内では二〇一九年十一月という現時点において日韓両国の対立に対する懸念や関心が急速に高くなった。

当初、トランプ政権も含めて最も一般的な反応は「アメリカが日本と韓国という同盟諸国と緊密に連帯して、北朝鮮の核の脅威や中国の軍事膨張の脅威に対処しなければならないこの時期に日韓両国が対立することはその連帯を侵し、アメリカの安全保障政策をも弱体化する」という懸念だといえる。

日本も韓国もこの時期に厄介《やっかい》なことをしてくれるという当惑でもあった。このためトランプ政権が日韓両国の間に入って、和解のための調停にあたることを求める意見も多くなっていた。だがトランプ政権は当初、その調停への関心を示したものの、その後は消極的なままとなっている。

ここで簡単に今回の日韓対立の激化の過程をふり返ってみよう。

日韓の新たな摩擦への予兆は一七年五月に文在寅氏が韓国大統領に当選した直後から明確となった。

文大統領は一七年十二月には朴槿恵《パククネ》前政権が日本政府との間でまとめた慰安婦問題終結の合意をくつがえす趣旨の声明を出した。安倍晋三首相はこの合意を「一ミリも動かさない」と述べて、文大統領の言明に反対してきた。

一八年十月には韓国大法院が朝鮮半島出身のいわゆる元徴用工（戦時労働者）の日本企業に対する個人の賠償請求権を認める判決を出した。すでに何度も述べたように、この判決は一九六五年の日韓の条約や協定に違反していた。

同年十二月には韓国海軍軍艦による日本の海上自衛隊の哨戒《しょうかい》機に対する火器発射準備のためのレーダー照射という事件が起きた。能登半島沖の日本海での出来事だった。韓国側はレーダー照射という事実をも否定した。

翌一九年二月にはこうした事態をさらに悪化させる形で韓国国会の文喜相《ムンヒサン》議長が「慰安婦問題の解決のためには天皇の謝罪が必要」と語った。天皇（いまの上皇）に対して「戦犯の子」という侮蔑《ぶべつ》的な表現までを使った。

ざっとみて、こうした経緯から対立や摩擦を深めた日韓関係に対してアメリカは関心や懸念を高めながらも、その当初の反応は直線的ではなかった。

ワシントンでの日韓対立の波紋はじわじわと、しかも屈折した形で広がっていった。

トランプ政権に留まらず、アメリカの対外面での真剣な関心はまず中国の動向に向かっていた。ロシアやイランの動きへの警戒も強い。北朝鮮の非核化という課題もなお切迫した外交目標である。

だから即座に日韓対立に向けて集中的な注意を払うという余裕もなかったといえよう。しかしその状況もすぐに変わっていった。日韓関係についてより多くの対応策を考えざるをえなくなったわけである。

一つには日韓両国の衝突自体がまちがいなくエスカレートして、国際的な注意をより多く集め始めた。そのことに加えて、アメリカにとって北朝鮮の非核化という喫緊の課題との関連でも、日韓関係の悪化に懸念を向けざるをえなくなった。

アメリカにとっては日韓いずれもが重要な同盟国であり、両国との堅固な三国連帯が北朝鮮の核問題の解決にも、さらには中国の脅威への対処にも有効だとする認識が強くなってきたわけだ。

その間、韓国側が日本とのトラブルの調停を直接にアメリカに求めるという動きに出たことも、大きかった。文大統領からトランプ大統領への直接の要請もあった。

さらに問題発言をした韓国国会議長がワシントンでトランプ政権に対して、この日韓両国の摩擦の解決への仲介を求めた。無責任な悪口雑言を勝手に述べておいて、その収拾をアメリカに求めるという**卑劣な態度**ではあるが、日韓対立が激化すれば、必ずアメリカという存在にその影響が及ぶという現実を改めてみせつけた。

ではそのアメリカへの影響とはなにか。そしてトランプ政権はいまの日韓対立にどう対応しているのか。このあたりを私はワシントンで取材した。

レーダー照射事件、徴用工問題も非は韓国側にある

結論をわかりやすく最初に述べておこう。アメリカ一般の反応として、先にも述べた点の補強である。

日韓両国の対立は**アメリカには負の効果**をもたらす。ともにアメリカの同盟国である日本と韓国が衝突し、離反しかねない状況はアメリカの東アジア政策や国家安全保障全体にまで悪影響を及ぼすという認識が定着している。それは共和、民主との党派の別なく共通している。

トランプ政権にとっては、とくに北朝鮮の核廃棄という重大課題に直面しているため、韓国や日本との堅固な連帯を保つ必要がある。だからこそ日韓の対立に介入して、公然とどちらかの味方をするという言動はとれない。しかし水面下では、トランプ政権は日本側の主張により

多くの理や知を認めている。

以上のような全体図である。

しかしこれとはまた別にトランプ政権は、韓国の文在寅政権に対し批判を強めてきた実態がある。

そもそも保守派のトランプ政権と、リベラル派の文政権とでは、世界観から安全保障認識まで基本的なスタンスの相違がある。わかりやすいのは北朝鮮に対する態度だろう。

本音では文大統領の思考をトランプ政権は気にいらないのだ。だが米韓同盟の堅持という基本策は揺らがない。反トランプの米側メディアは、トランプ大統領が米韓同盟をなくしたいと考えているなどと報道する。

だがトランプ大統領自身は、米韓同盟の縮小などこれまで計画したことはまったくないと明言した（二〇一九年一月のCBSテレビとの会見）。

それにもかかわらず文政権の周辺からは、米韓同盟を否定するような発信がときおり米側に向けて放たれる。トランプ政権はますます文政権への不満や不信を深めさせられるわけだ。

それでもトランプ政権としては、いまの米韓連帯を崩すような韓国批判を公式に表明することはできないのである。だからこそ**本音部分での韓国への不満は高まる**わけだ。

トランプ政権の日韓対立への態度を知るには、こうした背景をまず認識する必要がある。

では次に、日韓対立へのアメリカ側全般の直接の反応をみてみよう。

まず韓国軍による自衛隊機へのレーダー照射ではトランプ政権自体は一切の論評を避けていた。内部の規律の乱れもよく指摘される同政権にしては徹底したノーコメントなのだ。日韓対立に対して、慎重に対処するという必要性の重みの反映だといえよう。

アメリカのメディアはこのレーダー照射事件を詳しく伝えていた。ニューヨーク・タイムズとかワシントン・ポストという大手メディアの報道は日本側の主張を防衛当局だけでなく、安倍首相や河野太郎外相（当時）の韓国非難の発言までじつに細かく伝えていたのだ。

同時にこれらメディアは、韓国側が日本とは異なる言明をしていることもきちんと伝えていた。だが日韓のどちらの主張が正しいのだという判定は奇妙なほど慎重に避けていた。

この点は日韓両国のどちらをも悪者にはしたくないというトランプ政権の姿勢とも似ていた。それでもなお日本側の抗議内容をとくに詳細に伝える点では、やはり日本側の主張を正しいとする認識がにじんでくる。

政権外の専門家たちも、日韓の主張のどちらが正しいという明確な判定を避ける傾向が目立った。だがそのなかで一人、「韓国軍によるレーダー照射は確実に起きた」と明言する専門家がいた。つまり**韓国側の主張はウソ**だと断じるに等しい発言である。

アメリカ空軍中佐の経歴を有するマイケル・ボサック氏だった。アフガニスタンでの戦闘経験に加えて、在日米軍司令部に勤務したこともある専門家である。同氏が「東京レビュー」という英文ニュース・サイトで以下の発言をしていた。

「韓国海軍艦艇が自衛隊哨戒機に対し、火器管制レーダーを照射したという日本の防衛省の主張は大部分は正確だ」

「韓国軍が日本の主張を全面否定するのはみずからの誤りを認め、謝罪することをいやがっているからだ」

明確きわまる**韓国側への断罪**だった。ボサック氏はまた米軍関係者たちの間ではレーダー照射は単なるミスではなく、韓国軍内部の顕著な反日傾向の産物だろうという見解があることをも指摘していた。

さて、いわゆる徴用工問題でもアメリカ側の反応は一定の特徴があった。主要メディアの報道は、この時期に日本と韓国が対立を深める事態がアメリカの政策にとって非常に大きな支障を引き起こすと強調する点で一致していた。

「アメリカ政府は日韓両国に歴史に関する意見の相違を克服してアメリカと協力し、北朝鮮の核の脅威をなくし、中国の影響力拡大に対処することを強く促してきた。そんな時期に日韓の対立がなぜ必要なのだ」(「ニューヨーク・タイムズ」二〇一八年十月三十日付記事)

「韓国と日本の歴史をめぐる争いは、アメリカの北朝鮮の核の脅威と中国の覇権拡大を抑える

ための米日韓三国の協力を乱してきた。今回の韓国での判決は、この協力をさらに妨げることとなる」（ABCテレビの同日報道）

「今回の韓国での判決はアメリカにとって、北朝鮮の非核化や中国の不公正貿易慣行に対処するための日韓両国という同盟国との連帯の強化を阻むことになる」（ブルームバーグ通信同日記事）

以上の報道はみな、この韓国大法院の判決がアメリカのアジア戦略に大きな障害を新たにつくり出したとして批判的にみる点で一致していた。

しかもどの報道も韓国側の判決が一九六五年の日韓両国政府間の合意や、その後の韓国側でのこの種の個人の損害賠償は**韓国政府が責任を持つという公式方針に違反**していることを淡々とながら伝えていた。

同時にこれらの報道は日本側代表の韓国糾弾の言葉を詳細、かつ客観的にそのまま伝えていた。

これらの筆致からは韓国大法院の判決に関しては韓国側に非があり、法治国家としての責任を果たしていないという認識がかなり明白に浮かびあがっていた。

具体的に「韓国側がまちがっている」という断定こそしていないが、非は韓国側にあり、その基盤は法治国家、主権国家としての責任の欠落だとする婉曲《えんきょく》な批判の構図が明確だった。

この種の韓国への批判的なスタンスは前述のニューヨーク・タイムズの記事が末尾で象徴的にまとめていた。

「スタンフォード大学の東アジア研究所の研究員ダニエル・スナイダー氏は『朝鮮半島情勢や中国の動向がアメリカとその同盟諸国に団結しての効果的な対処を不可欠にさせるこの時期に、日韓両国を離反させるこの種の動きが起きたことはきわめて不運だ。私はその点で韓国政府の判断に強い疑問の念を感じる』と述べた」

このダニエル・スナイダー氏は、この章の冒頭で紹介したスコット・スナイダー氏とは別人である。こちらのダニエル・スナイダー氏はスコット氏ほど著名ではないが、朝鮮半島や韓国の研究に長年、かかわってきた中堅の専門家である。

このコメントに反映されるように、アメリカ側の日韓両国の対立への態度はこうして微妙ながら、日本側の立場に理解や同調を示す方向へと少しずつ傾いてきた。

日韓対立をトランプ・安倍叩きに利用するメディア

しかしながらその一方、トランプ政権とその反対勢力——民主党・主要メディアの連合体といえる——が激突する国政の場では、**日韓対立さえも争いの材料**に使われる。

反トランプの旗手、ニューヨーク・タイムズが日韓対立を取り上げた二〇一九年八月五日の長文の記事はその典型だった。

この記事は「貿易紛争が日韓関係を悪化させるのにアメリカは一歩、引いたままでいる」という見出しで、トランプ大統領が十分な注意を払わないために日韓両国が衝突すると批判した。同記事がそれ以上の偏向をみせたのは、いまの日韓対立の主要な原因をもっぱら日本の過去に負わせようとする点だった。記事の冒頭に近い部分で以下の記述があった。

「今回の争いは第二次大戦終結までの日本による朝鮮半島の植民地的占領と、その期間に日本が犯した強制労働や性的奴隷を含む虐待行為への負債をまだ払っていないことを原因として起きている」

同記事は全体の半分ほどでやっと文政権の慰安婦問題の財団解散に簡単に触れて、それに続いて韓国大法院の戦時労働者の賠償請求判決への日本の反対を初めて伝えていた。

つまり今回の対立の**真の原因をすりかえ、矮小化**《わいしょう》しているのだ。

同記事は慰安婦についても日本側が全面否定した「性的奴隷」という用語を繰り返し使い、日本の非を強調していた。そのうえに対立の原因は安倍晋三首相にもあるとして「安倍首相は保守的なナショナリストとして攻勢的な軍事政策を推進し、日本側の民族主義的な感情をあおった」と書いていた。

しかし同記事の主要な標的はやはりトランプ大統領で、日韓対立は「同大統領が東アジアの同盟諸国の連帯に注意を払わないからだ」と断じていた。要するに**トランプ叩き、安倍叩き**なのである。

ニューヨーク・タイムズのこうした偏向は保守派だけでなく中間層からも「あの新聞はもう報道機関ではなく**政治活動機関**になった」と批判されるようになった。

こうした偏向報道とは対照的な事実に基づく重みのある専門家の見解が、その直後に公開の場で表明された。それが本章の冒頭で詳しく報告したスコット・スナイダー氏の発言だったのである。

「日本は韓国に報復せよ」という強硬意見も

しかしアメリカの民間では日韓対立について韓国側の非を明確に認定し、日本側に強固な対応策をとることを勧める声も少なくなかった。

「韓国が日本企業から不当に資金を奪う場合には、日本は韓国製品の輸入に報復の関税をかけるべきだ」――日本と韓国との対立に関してアメリカの有力な朝鮮半島専門家が非は韓国側にあるとして、日本政府に強固な対応の措置をとることを提唱した。スコット・スナイダー氏よりも、さらに韓国側への批判を強く表明する意見だった。

韓国側の一連の言動が不適切だとする判断を本音で語る意見だといえた。しかも日本側に具体的な対抗措置をとることを提案していた。日本側としても参考にすべき批判であり、対抗措置案だろう。

そうした考え方をきわめて明確に述べたのは朝鮮半島問題のベテラン専門家のラリー・ニクシュ氏だった。

ニクシュ氏はアメリカ議会調査局や国務省で朝鮮半島や東アジアの安全保障問題を三十年以上も担当してきた。現在はジョージワシントン大学教授や戦略国際問題研究所（CSIS）研究員という立場にある。

ニクシュ氏はワシントンでの私のインタビューに応じてくれた。ニクシュ氏も日韓両国間の問題ではとくに日本側を一貫して支持したという記録はなく、慰安婦問題などではむしろ日本側の一部の強硬主張を批判して、韓国側の立場の支持に傾くことも珍しくなかった。だからこそ、今回の一連の日韓摩擦案件での彼の韓国批判には重みがあるといえよう。

ニクシュ氏との一問一答の内容は以下のとおりだった。

——韓国の裁判所が戦時労働者に関して日本側の新日鉄住金や三菱重工業という企業に新たに

戦時の労働に対する賠償金を支払えという判決を出し、実際にそれら企業の資産差し押さえなどを始めているが、第三者のアメリカの専門家としてこの動きをどうみるか。

「韓国裁判所の戦時労働者に関する判決が日韓間の条約や協定に違反する形で履行されるのであれば、日本政府は世界貿易機関（WTO）に提訴し、韓国側が標的とする日本企業の資産の差し押さえや現金徴収をした場合に、**その金額に等しい額の関税を韓国から日本への輸入品にかける**ことを宣言すべきだ。

日本国内からの韓国当事者たちの**本国への送金に特別な税金をかけるという警告**も一策だろう」

この発言は、韓国側が新日鉄住金や三菱重工業に実害を与えれば、日本政府は制裁、あるいは報復としてその金額に等しい関税や特殊税を韓国側に課すべきだというのである。非は韓国側にあるから、という前提だろう。言葉では非難しても行動はなにもとらなかった、これまでの日本政府の態度とは対照的な提言だった。第三者のアメリカからみれば、この問題での黒白はそれほどはっきりしているということだろう。

——日本政府としてはWTOへの提訴と韓国製品への懲罰的な関税の適用の両方を同時に実行

するべきだというわけか。

「日本政府からみて韓国側が日韓両国が過去の外交交渉において合意し、誓約しあったことに違反して、日本企業への不当な経済措置をとるということであれば、WTOの規則に違反したと主張できるはずだ。

報復的な関税や送金への特別課税は、韓国側に**不法行為への代償を支払わせる**という意味での**予防、抑止の効果**があると思う」

――慰安婦問題での韓国の文在寅政権は日韓両国間の二〇一五年の外相合意を無視する言動をとっている。この動きに日本はどう対応すべきだと思うか。

「日本政府は二〇一五年の日韓外相合意の規定を誠実に順守してきたと思う。韓国側への補償金の支払いの規定などを日本は守ってきた。だからこんごも韓国側の対応のいかんにかかわらず、同合意の順守を続けるという基本姿勢を保つべきだろう。

慰安婦問題はもう終わりにするという、この日韓外相合意にはアメリカ政府も公式に支持を表明してきた。その意味では同合意は単に二国間の申し合わせに留まらず、国際的な合意であり、公約なのだ。

その合意の全体を破棄するという韓国政府の言動は、どうみても正当化できない。日本はこの慰安婦問題での再交渉や再協議には一切、応じるべきではないと思う」

以上のようにニクシュ氏は日韓関係の摩擦については、文在寅政権の措置や態度は不当だと明言するのだった。

これまで日韓両国に対して中立の立場を保ってきたアメリカのベテラン専門家が今回は韓国の非を指摘することをためらわないのだ。しかも日本政府に韓国の不当な措置への報復や制裁の具体的な措置をとることまでを提案するのである。

このニクシュ氏の指摘や提言は日本政府にとっても有効な指針とすべきだろう、と私は痛感した。

日本政府はこれまでの長い韓国との関係で韓国側がいかに不当な言動をとっても謝罪、あるいは沈黙というだけで、反発する行動をとったことがなかったからだ。おとなしくしていれば、相手はその善意を理解して以後の不当な言動を自粛するだろうという**奇妙な楽観**からだろう。

しかし現実には逆に、日本側のそうした紳士的、あるいは自虐的ともいえる対応は韓国側のさらなる不当な反日の言動を招いてきた。日本に対しては、なにをしてもだいじょうぶだという実感からだろう。

だが人間社会でも国際社会でも規範に違反して他者に損害を与えれば、その行動の代償を払うという原則があるはずだ。ところが日韓関係においては、その当然のメカニズムがまったく存在してこなかったのだ。

私がラリー・ニクシュ氏に聞いた「場合によっては報復の制裁措置を」という提言は産経新聞などで報道し、日本側でかなりの反響を呼んだ。二〇一九年三月のことだった。

日本政府は同年八月には韓国に対して、日韓関係の歴史で初めての実効ある懲罰措置をとった。韓国を一定製品の輸出の優遇国リストから除外する、つまり「ホワイト国」の地位を外すという措置だった。

ニクシュ氏の提言や私のその報道がなんらかの作用を果たしたなどとは思わないが、日本国民の多くに**「韓国への懲罰的な措置」**という発想を広めたとはいえると思う。

日本叩きに明け暮れる韓国民と冷静な日本国民

日韓両国の対立はこれまで述べてきたように、アメリカのメディアでも頻繁に報道されるようになった。その報道の結果、おもしろいコントラストが浮かびあがった。日韓対立の核心にもつながるコントラストでもあった。

日韓両国の動きを詳細に伝えるアメリカ側各種報道では、韓国側が国民一般レベルでの感情的な相手国叩きが激しいのにくらべ、日本側ではその種の動きがまったくみあたらないという構図が明らかとなったのである。

たとえ日韓両国が政府レベルで衝突をエスカレートさせても、国民の間での相手国国旗への侮辱や大使館への抗議、製品ボイコットなどは韓国側に限られることがアメリカのメディアにもわかってきたようなのだ。

そのことは当然、アメリカの一般国民へと広がることになる。

アメリカ大手メディアのウォールストリート・ジャーナル、ニューヨーク・タイムズ、ワシントン・ポスト、AP通信、ブルームバーグ通信などは二〇一九年八月に入って、また一段と日韓対立に関する報道を増やしてきた。

その報道や論評の主題はあくまで日韓両国の対立だが、その伝え方の角度や焦点はきわめて多岐ともなった。

全体としては対立の原因なども、日韓両国それぞれの主張を両論並記の形とする向きが多かった。その大方は日韓の政府対政府の対立の次は国民レベルでの対立や相互への怒りを、これまた日韓両方の現状を均等に伝えようという姿勢が主だった。だから「日韓両国民ともナショナリズム的な感情をあおられている」というような**「両国民とも」**という一般的な記述がよくみうけられた。

ところが八月中旬になると、韓国国民の日本攻撃の動きを紹介する内容が圧倒的に多くなった。ソウルの日本大使館への抗議デモやソウル市内での大衆集会での「反日」「反安倍政権」の叫びや、日本に抗議する焼身自殺などがどっと報道されるようになった。

ニューヨーク・タイムズも八月十五日付の報道では、もっぱら韓国側の日本糾弾の動向に焦点をしぼり、その日本叩きの実態を「韓国民多数による日本大使館への抗議行進、日本製の衣服、ビール、化粧品、自動車などのボイコット」を中心に詳細に伝えていた。

それまでの「日韓両国均等スタンス」に従えば、当然、日本側の国民一般レベルでの反韓の動きを報道するのが順番だった。アメリカのメディアの多くは本来、日韓対立の両国民一般のレベルでの相互への敵対や憎悪を共通テーマにしようとするスタンスをとっていたからだ。

ところが日本側の「国民一般レベルでの韓国叩き」の報道がまったくないのだ。いかにも韓国、日本の双方にその種の感情的な反感があるかのように示唆してきたアメリカ側メディアが日本側の国民レベルの反韓現象を報じないのである。その理由はごく簡単、**そんな現象がみあたらない**からだった。

そのかわりに、このところの「韓国での日本叩き」報道はどっと拡大してきた。しかもきわめて詳細である。ソウル市内で反日、反安倍のプラカードを掲げて集まる大群衆の光景のような写真を多数つけての報道だった。

その種の報道で代表的なのは、アメリカでいま最大部数を誇る新聞のウォールストリート・

ジャーナル紙八月十九日付の「韓国のボイコットは日本のハローキティまでが排除される」という見出しの長文の記事だった。

この記事の脇見出しは「二国間の貿易紛争はオモチャ、チョコレート、ペットフードまでも犠牲にする」となっていた。そしてその脇には日本の子供向けキャラクター商品ハローキティのイラストが載っていた。その基調は軽いタッチで、韓国側のあまりに徹底した「反日」をやや**皮肉っぽく戯画化**して伝えていた。

記事の内容は韓国食品企業が製造したパッケージの米《コメ》製品のなかに〇・一%の日本産米が含まれていたことを非難され、同企業がその日本米を除いて謝罪した話、韓国での国際競馬レースに日本の馬が参加できなくなった話、韓国の若者たちが日本製のスニーカーや抹茶ラテ、ビール、モツナベ、刺身、寿司のボイコットを他人にも押しつけている話……などのエピソードを極端なケースとして、おもしろおかしいタッチで紹介していた。

そしてこの日本製品ボイコットは全体としての経済効果は少ないだろう、という日本側専門家のコメントを載せていた。

アメリカのメディアがここまで詳しく韓国側の日本叩きを報じれば当然、では日本国民の韓国叩きはどうか、という疑問が自ずとわくだろう。

しかしいまのアメリカ側メディアはどこもこの疑問に答えていない。その理由は前述のように、日本側にはその種の国民的、あるいは感情的な韓国叩きが出てきていないから、ということだろう。期せずして日本と韓国は非対称、同じではないのだという現実が浮かびあがったともいえる。

実際にこれまでの日韓対立では、韓国側はすぐに抗議デモ、大使館前の路上の違法な占拠、日本製品ボイコットなど物理的な力の行使に依存する行動が多かった。日本の国旗を破ったり、焼いたり、極端な場合は日本の外交公館の前で抗議自殺を図るという事例さえあった。

だが日本側では同種の実力行使はほとんど存在しない。いや、**皆無**とさえいえるだろう。そんな日韓両国民の相違がアメリカ・メディアの報道で期せずして印象づけられるというのが現状のようなのだ。

日韓対立を中国はどうみているのか

日韓関係の悪化の国際的な影響は、もちろんアメリカに対してだけではない。中国にとってはどうなのか。この疑問は日本ではなかなか提起されない。しかし重要な点だろう。

ワシントンでこの疑問への答えの少なくとも一部を得ることができた。

中国政府系の著名なアジア研究学者が官営メディアに発表した論文で「いまの日本と韓国と

の対立が両国のアメリカとの同盟、そして米日韓三国軍事協力を崩すことはない」という見解を明らかにしたことがわかったのだ。

中国としては日韓両国の対立が東アジアの安全保障面でのアメリカの立場を大幅に弱めることはないとして、重大な動きとしてはみていない、という趣旨だった。

同論文は、それでもなお日韓対立が北東アジアの安全保障態勢の再編の始まりを示唆するとして、中国側には有利な動きだとの認識をも示していた。

一般にワシントンでも東京でもいまの日韓対立が中国を利するだろうという観測はしきりに語られてきた。だが中国側が実際にその見解を明らかにすることはなかった。中国の実際の対応は注視の的だったのだ。

そんな状況下でアメリカの一部専門家が「初めての中国側の日韓対立に対する反応」として注目するにいたったのが、中国の官営新聞「環球時報」英語版八月八日付に掲載された「北東アジアはいまより多くのコンセンサスをみる」という見出しの論文だった。

同論文は中国黒竜江省社会科学院「北東アジア研究所」の笪志剛《だしごう》所長によって書かれ、日韓対立に対する中国当局の見方が紹介されていた。

笪氏は中国の社会科学院で中国とアジア諸国との関係を中心に長年、研究を重ね、中国と日本、韓国との外交関係についても中国学界有数の権威とされてきたという。

笪氏の論文の主要点は以下のようだった。

・現在の日本と韓国との離反は貿易、二国関係全般、両国民の感情での対立に及んだ。日韓両国ともに相手に関する誤った判断、誤った認識を抱いたことがいまの紛争へと発展した。だが両国ともアメリカとの絆《きずな》を減らそうとしてはいない。

・いまの日韓紛争は米日韓三国の同盟の本質部分に打撃を与えているわけではない。日韓の貿易紛争は三国の協力全般にはいくらかの影響を及ぼすかもしれない。しかし三国の間に存在する軍事同盟は安定したままでいくだろう。

・現状では日韓対立はアメリカが日韓両国と個別に保つ同盟を崩壊させることはない。アメリカの両国に対する上位の影響力を減らすこともないだろう。アメリカが日本との対立で苦しい立場にある韓国に対して**在韓米軍の経費の大幅増額を求める**のは、対韓同盟の保持に依然、強い自信を持っていることの表れだ。

・日韓両国の軍事情報包括保護協定(GSOMIA)骨抜きとか破棄となる場合は、米日韓三国の軍事同盟関係にヒビが入ることになる。だがそれでもその同盟関係が完全に崩れることは決してないだろう。

・アメリカはいまの日韓対立に介入はしていない。日本は韓国の枢要産業分野に照準を絞り、制裁を加えた。アメリカも制裁や関税を他国への交渉の武器として使っている。だから**日本の行動を批判する資格はない**だろう。

以上のように笪論文は日韓関係の悪化がただちに日米同盟、米韓同盟、さらには米日韓三国の安保連帯の弱体化につながることはないとする中国側の見解を繰り返し、強調していた。

この見解には日韓対立が中国を利するというアメリカ側の警告への反論や否定が含まれているという見方も成り立つだろう。だがいまの日韓衝突がただちにアメリカの北東アジアでの安全保障や軍事政策の継続に大きな支障を与えることはないとする認識がしきりに力説されていた。

その一方、笪論文は中国やロシアの側の動向について次のような骨子も述べていた。

・最近は中国、ロシア、北朝鮮の共同の動きが増えてきた。三国の協力が頻繁となった。日韓両国が対立する間に中国とロシアは、アジア太平洋地域で合同の戦略爆撃演習を実行した。北朝鮮は短距離弾道ミサイルを何回も発射した。こうした動きは中ロ北三国関係の改善ともいえる。

・こうした動きは各国が独自の地政学的な戦略を有しているからだが、中国、ロシア、北朝鮮が国家同士の本質部分で連携を保つことや、新たな同盟を結ぶことは、まずないだろう。だが日韓対立を除いて北東アジアの諸国は、より多くのコンセンサスを有するようになったといえる。

・習近平《しゅうきんぺい》主席は北東アジアの平和と安定のためには関係各国が一国主義や保護貿易主義を排して、共通の利益を求めることを改めて宣言した。北東アジアの力のバランスは再編成されていくだろう。

以上のように述べるこの論文は、後半で中国の戦略目標を巧みに表明しているわけだ。つまりはアメリカが後退していくことへの願望をにじませての中国、ロシア、北朝鮮の協力やコンセンサスの拡大への期待ということだろう。

だがそれにしても、いま進んでいる日韓対立がアメリカの対日、対韓の両同盟の根幹を揺るがすことはないだろうとする中国側の観測は注視しておくべきである。

第三章

トランプ大統領は文在寅大統領が嫌いだ！

「韓国はきわめて無責任な国家だ」

韓国とアメリカとは歴史的に緊密な絆を保ってきた。米韓両国は一九五〇年に起きた朝鮮戦争以来の同盟関係を二〇一九年の現在にいたるまで保持してきた。

しかし米韓関係の水面下では、その固い絆を揺るがす屈折した動きも多々、起きてきた。韓国側がアメリカの政治のあり方に反対する反米運動を高めたときもあった。アメリカ側がもう韓国を防衛する義務を減らそうと在韓米軍の撤退を意図したときもあった。

この種の揺れがいままでは米韓関係の本来の結びつきを少しずつ侵食するように、深層部分で広がってきた。ワシントンにいて米韓関係や朝鮮半島情勢の流れを追っていると、そんな実感が強くなるのだ。

アメリカ側ではとくに文在寅政権が一七年五月に誕生してから、文政権の言動に失望し、反発する動きが広がってきた。アメリカ側のその流れは激しく、かつ明確となった。とくにトランプ政権と文政権の波長が合わないという感じが少しずつ強くなってきたのである。

そんなワシントンではアメリカ側の官民を問わず、文在寅政権への負の評価がどんどんと広まってきた。その文在寅評は日本での文政権への対応とくらべると、興味をひかれる特徴がいくつも浮かびあがる。

「韓国はきわめて無責任な国家だ」——。

こんな激しい韓国批判が堂々と述べられたのには驚いた。アメリカ側の国際戦略問題の権威エドワード・ルトワック氏の言葉だった。

文政権が登場して半年ほど、二〇一七年末に私がインタビューしたときに、ルトワック氏はためらわずにこんな韓国観を語ったのである。

ルトワック氏といえば、アメリカの歴代政権の国防長官顧問などを務め、現在はワシントンの大手研究機関「戦略国際問題研究所（CSIS）」の上級研究員として活動する、保守系の学者でトランプ政権にも近いことで知られる。

私がルトワック氏の意見を尋ねたのは、直接には北朝鮮の核問題についてであり、韓国に対する上記の批判が出たのは北朝鮮の核武装への韓国の対応を質問したときだった。

ルトワック氏は文在寅政権への批判を熱をこめながら、次のように語るのだった。

「韓国が国家として無責任な原因は国内の結束がないことだろう。国家的な意思がまとまらないのだ。それは韓国内に自国の基本的なあり方をめぐって意見の分裂があり、国としての結束が決定的に欠けるからだろう」

こんな説明を聞くと、韓国ではなぜ民主的な方法で選ばれた歴代大統領たちが任期を終えると、すぐに犯罪者として扱われ、石をもて打たれるかが、なんとなくわかってくる。

韓国のいわゆる元徴用工とされる戦時労働者たちに対する日本企業からの賠償を命じた韓国大法院の判決をみて、アメリカの反応を考えると、どうしてもこの「無責任国家」という言葉が連想されるのだ。

ちなみに徴用工に関して、あえて「いわゆる」という注釈的な表現をここで使うのは、この裁判を起こした原告の徴用工とされる人たちは日本側の情報によると、安倍晋三首相自身が国会で述べたように**「徴用工ではなく募集に応じた労働者だった」**とされるからだ。

だがそれにしてもアメリカ側の有識者、しかもアメリカ外交や東アジア情勢に精通したベテランの専門家が韓国を「無責任国家」と一刀両断にするとは、ショックである。ルトワック氏はトランプ政権にもきわめて近く、同政権側は彼の意見を参考にすることが多いのだ。

「韓国は中・朝への接近を望んでいる」と脱北の元高級幹部

だがワシントンでの韓国の文在寅政権へのこうした酷評は、決してルトワック氏に限ることはないのだった。

「韓国の文在寅政権は表面では米韓同盟堅持を唱えているが、実際の意図としては北朝鮮や中国への接近を望んでいる」

こんな手厳しい文政権分析がアメリカ連邦議会の構内で聞かれた。二〇一九年九月十三日、アメリカの朝鮮半島研究機関「朝鮮アメリカ研究所（ＩＣＡＳ）」が米議会の議員会館内施設で開いた「朝鮮半島情勢とアメリカの国家安全保障」と題するシンポジウムでの基調演説だった。語ったのは北朝鮮の金政権の中枢にいた人物だった。つまり脱北者である。北朝鮮の軍や政府の内部で活動し、さまざまな理由で自国を捨てた人たちの一人だった。

その脱北者は、トランプ政権も文政権のこうした実態をよく理解しており、文政権の一刻も早い退場を望んでいるとまで述べるのだった。

北朝鮮の枢要にいた人物までが登場してくるのがワシントンのワシントンたるゆえんである。超大国、そして民主主義と自由の旗を掲げてきたアメリカ合衆国には、伝統的に全世界の独裁国家から逃げ出した亡命者や、難民の指導者たちが集まる傾向があるのだ。

しかも近年のアメリカの歴代政権にとって、北朝鮮の核兵器や弾道ミサイルの開発は脅威であり、その実態を知ることは超重要な作業だった。北朝鮮指導部の内部情報を知りうる人物にはきわめて高い価値を認め、首都ワシントンに招くようなケースも多かったのである。

今回、文在寅大統領とその側近の北朝鮮傾斜について明らかにしたのは、北朝鮮の労働党の秘密外貨調達機関「39号室」幹部だった李正浩《リジョンホ》氏である。

李氏は北朝鮮政府の代表としてシンガポールや中国に駐在して、金正日《キムジョンイル》氏や金正恩氏に直結する秘密外貨の獲得のために活動した。その功績をたたえられ、二〇〇二年には「労力英雄」という北朝鮮の最高レベルの勲章まで授与された。

だが李氏は一四年には韓国へと亡命し、一六年にはアメリカへの入国を認められ、現在は首都ワシントン地区に住んでいるのだという。当然ながらアメリカの情報機関や軍事機関の保護を受けていることだろう。

李氏の演説は「朝鮮半島の政治的将来のうねり」というタイトルだった。内容は韓国とアメリカ、北朝鮮の三国関係の政治的な現状と将来の展望だった。

李氏は長年、北朝鮮の指導層内部にあって積み重ねてきた考察を基礎に、主として韓国の文在寅大統領とその側近の北朝鮮への姿勢について語った。

その骨子は以下のようだった。

・文在寅氏の政見の「国民が主人の政府」という主張は北朝鮮の主体《チュチェ》思想と重なる面が多く、同氏とその側近は長年、**主体思想に同調する政治活動**を続けてきた実際の経歴がある。文氏らは同時にアメリカの価値観には根幹部分で反発しており、反米活動にかかわり、韓国の憲法にも全面的に対決してきた過去がある。

・文在寅大統領は本心としては主体思想を信奉しているため、北朝鮮の短距離ミサイル発射などの軍事的な挑発行動に激しくは反発せず、北朝鮮内部の人権弾圧に対しても抗議しない。心情としては北朝鮮に対する経済制裁の緩和や経済援助の拡大を望んでいるため、アメリカの政策とはまったく合致しない。

・しかし文大統領は表面的には一貫して米韓同盟の堅持を主張している。この主張は口だけであり、韓国の国民多数派が米韓同盟破棄の可能性には強く反対することを考慮しての**偽のスタンス**である。北朝鮮の韓国に対する軍事挑発行動もすべてアメリカに対する行動とします、韓国自体が北朝鮮に反撃態勢をとらないようにしている。

李氏による文大統領の特徴づけは以上のように手厳しかった。文大統領はそもそもアメリカよりも**北朝鮮にずっと近い人物**だというのである。

ちなみにこのシンポジウムを主催した「朝鮮アメリカ研究所」というのはアメリカ民間の研究機関だが、アメリカ議会との結びつきが強い。どちらかといえば共和党系、保守系のシンクタンクで、トランプ政権との距離もわりに近い。

だからこの研究所は議会内で朝鮮半島情勢に関する研究会、討論会を開くことが多く、その参加者も議会関係者が大半なのである。

私もこの研究所の所長を昔から知っていて、その種のシンポジウムに朝鮮半島と日本の立場というテーマで意見の発表役として招かれたことも、数回あった。

こうした背景からこの研究所の今回のシンポジウムでの演説も、アメリカの議会関係者たちに直接に伝わることが当然、予期されていた。

文在寅の虚言に気をつけろ

さて李氏はさらに語った。文在寅大統領やその政権についての特徴づけの骨子は次のようだった。

・文政権は全体として中国には親近感を抱き、独裁国家の中国を決して韓国への脅威とはみなしていない。安全保障面でも中国の要求を容れ、アメリカのＴＨＡＡＤ（高高度防衛ミサイル）の韓国内配備も計画どおりには実行せず、凍結状態にした。ＴＨＡＡＤ配備に土地を提供した韓国のロッテ・グループが中国で虐待されても文政権は抗議さえしない。
・文大統領が日本に対して不当な措置をとり、対日関係を希薄にし、日韓軍事情報包括保護協定（ＧＳＯＭＩＡ）を破棄したことも、中国側が米日韓三国安保協力態勢に激しく反対していることの影響が大きい。**文政権が中国の意向をくんでいる面**がある。

・文大統領がトランプ大統領に北朝鮮が完全核廃棄に応じる用意があると告げて、米朝首脳会談の開催を促したことも、実際には文大統領の**誇張と歪曲**《わいきょく》が大きかった。金正恩委員長の意向はそれほど明確ではなかったのだ。トランプ大統領はこの点での文大統領の虚言を認識して、文政権への不信をさらに深めることとなった。

北朝鮮を脱出した李正浩氏は以上のように文在寅大統領と北朝鮮との結びつきや、アメリカに向かってみせる虚偽の顔の実態を語ったのである。

国際社会では従来から、「亡命者の発言の信憑性《しんぴょうせい》は割り引いて考えねばならない」という類の警告があるが、その点を差し引いても、北朝鮮の権力中枢で長年、活動してきた人物の報告には耳を傾ける価値があるだろう。

文在寅大統領には気をつけよう、ということである。そんな警告がアメリカの連邦議会内で発せられているわけである。

韓国・保守派の動向がカギ

しかしアメリカ側での文在寅大統領への冷たい反応はこれまで書いてきたように、決して脱北者だけではない。トランプ政権とも連邦議会とも直接の関係はなにもないアメリカ民間のニュースメディアの世界でも同じような見方がすっかり広まっているのだ。

「文在寅政権は北朝鮮との宥和だけを優先し、アメリカが求める北朝鮮の非核化を真剣に考えておらず、トランプ政権内外には文政権に反対する韓国内の保守派への期待が急速に高まってきた」

米韓関係のこうした現状がアメリカのアジア報道では大御所とされる古参記者によって一種の危機として報じられた。文大統領の特異性による米韓同盟のヒビともいえる、こうしたギャップは日本の安全保障にも複雑な影響を及ぼしそうである。

アメリカ側のこの文大統領への不信はワシントンを拠点とするネット新聞「デイリー・ビースト」に二〇一八年二月十九日に掲載された長文の記事によって印象づけられた。

この記事の筆者はアメリカのメディア界でもアジア報道の最長老として信頼度の高いドナルド・カーク記者だった。

カーク記者は一九六〇年代のベトナム戦争報道を出発点として朝鮮半島、日本、東南アジア、中国などのアジア情勢を一貫して報じてきた。

同記者はロサンゼルス・タイムズ、USAトゥデー、シカゴ・トリビューンなどアメリカの主要新聞のアジア駐在特派員を務め、多数のジャーナリズム賞を受けてきた。現在はフリーとしてアジアとワシントンを往来して、活発にアジア関連報道を続けている。

そのカーク記者が最近、書いた記事は韓国発で「韓国の右派が台頭し、トランプ大統領の金正恩との平和を崩しそうだ」という主見出しだった。

だが記事の内容は、いまの韓国では文在寅大統領がトランプ政権の北朝鮮非核化という大目標に背を向ける形で金正恩政権への経済協力など宥和政策を進めており、けっきょくはトランプ政権の政策をも骨抜きにしている、という趣旨の文批判だった。

カーク記者の記事は韓国内で文政権に反対する保守派が米韓同盟の重視を主張して、同政権への抗議を強め、トランプ政権の文政権依存の対北朝鮮和平へのプロセスをも崩しかねないと、指摘していた。

その記事の根幹は、韓国の文政権がアメリカの超党派の政策に反する行動を取っているとする**激しい糾弾**でもあった。

カーク記者の報道の骨子は以下のようだった。

・いま韓国の首都ソウルで毎週、開かれる文在寅大統領への抗議デモは数千人から万単位へと広がり、北朝鮮の金正恩政権との宥和を求める文政権のリベラル政策への右派、中道派の勢いが高まっている。文政権への支持率も二〇一七年の同政権発足以来、初めて五〇％を割り、これまでの最低となった。

・文大統領はアメリカが最優先する北朝鮮の完全非核化の大目標を軽視して、その非核化の確証がまったく得られないのに、南北開通鉄道の開設など北の経済を利するプロジェクトのみを推進しようとする。南北鉄道構想にかかわる韓国側の当事者たちはみな北朝鮮の技術やインフラが南北鉄道開設を可能にする状態にはなく、**韓国側の一方的な持ち出し**になると指摘する。

・文大統領のこの態度はトランプ政権の政策への事実上の反対であり、**北朝鮮への甘い幻想の産物**だともいえる。このまま文政権の対北政策が進めば、北朝鮮は非核化を徹底させずに韓国との宥和や韓国からの経済支援を獲得し、トランプ政権の政策を骨抜きにしてしまう。トランプ政権側にはすでに文政権への強い不信や批判が生まれている。

以上のようにカーク記者は韓国内ではソウルだけでなく、非武装地帯に近い京畿道の南北鉄

過去最低となった文大統領の支持率

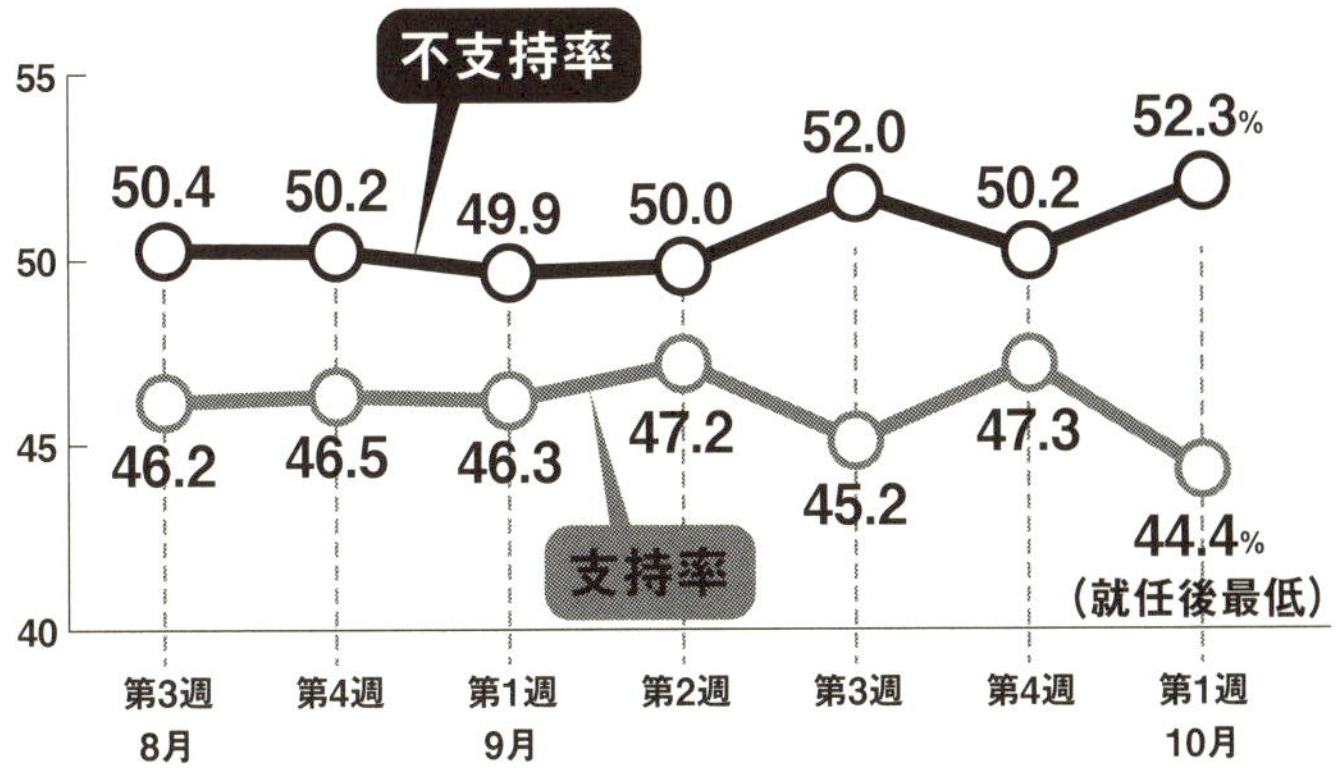

資料／リアルメーター(2019年)

道開設計画の拠点をも訪れて、文大統領のこの種の北朝鮮への経済協力がきわめて非現実的だという判断が文政権周辺にも広がっていることを報告していた。

その結果、文政権はトランプ政権の北朝鮮政策を骨抜きにして、米韓同盟の基盤までを侵食する危険があるという警鐘を鳴らしていた。

カーク記者はさらに韓国内部で文政権の北朝鮮に対する政策や認識に反対する保守派、中間派の動きがアメリカの政策にまで及ぼす複雑な影響についても次のように述べていた。

・文政権への反対派は北の金正恩委員長を残虐な人権弾圧の独裁者として非難し、そのソウル訪問に強く反対する。同時にアメリカとの連帯を強調し、米韓同盟の重要性を改めて訴える。トランプ政権は韓国の保守派が北朝鮮の完全非核化実現を主張する点では、その主張が拡大し、文政権にも影響を及ぼすことを期待している。

・だが韓国の保守派が金正恩委員長をあくまで敵視する点では、トランプ政権の対北認識に合致しない部分もある。つまりトランプ政権が金正恩氏が非核化を公約どおりに進める限り、協調姿勢をとるのに対して、韓国内の保守派は金政権との協調自体にも反対する。その保守派のパワーの広がりは、トランプ政権の対北政策の土台をも崩しかねない。

以上のように韓国内の保守派、右派は文政権の対北宥和政策に激しく反対し、米韓同盟の堅持を主張しながらも、金正恩委員長とその政権についてトランプ政権の政策をも甘すぎるとみなす傾向がある、というわけだ。

その結果、保守派・右派が韓国民の支持を高めた場合、アメリカ政府の対北政策への一部否定にまでつながる可能性がある、ということになる。

韓国内部の文政権への支持の状況は日本にも大きな影響を及ぼすことになるため、保守派、右派の動向には**日本としても十二分の注意が必要**だといえよう。カーク記者の報道には日本にとっての、そんな教訓も含まれているようである。

文政権の教科書修正を「洗脳教育」と批判

文在寅政権に対するアメリカ側官民からの批判は多様である。その批判の矢は文政権が韓国の若者たちの教育のために使おうとする教科書の内容にまで及んでいた。教科書の偏った内容は文政権の特異な価値観、歴史観を反映している、というのだった。

文政権が自国の教科書で、北朝鮮の人権弾圧や朝鮮戦争での韓国への侵攻を曖昧《あいまい》にするという動きを取り始めたことに対して、ワシントンの大手研究機関から新たな警告が発せられたのである。

文政権のこの動きは、北朝鮮の残虐行為を韓国の新世代に隠すための洗脳教育だとまで断じられていた。このアメリカ側の非難は、アメリカ官民にいま広がる韓国の文政権や米韓同盟自体への不信の表れだった。氷山の一角ともいえる現象だった。

ワシントンの民間主要研究所の「ＡＥＩ（アメリカン・エンタープライズ・インスティテュート）」関係者は二〇一九年一月冒頭、同研究所が文政権の歴史などの教科書内容の修正に批判的な見解を強め、この問題を米韓関係全体や米韓同盟のあり方ともからめて研究対象としていくという方針を明らかにした。

同関係者によると、この動きはＡＥＩの国際安全保障や外交問題の専門の研究員マイケル・ルービン氏がすでに発表した論文が出発点になったという。

ルービン氏は第二代ブッシュ政権で国防総省などの高官をも務めた外交・戦略の専門家で、中東からアジアまでの広い地域を専門対象としてきた。

ルービン氏が一八年九月に発表した同論文は**「韓国政府は自国生徒に北朝鮮の残虐の歴史を隠すための洗脳教育を意図している」**という激しい糾弾のタイトルだった。

同論文は次のような骨子だった。

・韓国の有力新聞、朝鮮日報などの報道によると、文在寅大統領は二〇二〇年から韓国の小、中、高校の教科書の内容を変え、「韓国が韓半島（朝鮮半島）唯一の合法政府」という記述をなくし、「自由民主主義」の「自由」も消すという。

・文政権のこの教科書修正では、朝鮮戦争が北朝鮮の韓国領への軍事攻撃と侵略で始まったことや、北朝鮮政府が自国民を徹底して弾圧してきたことも曖昧にされるという。

・文政権の北朝鮮に対するこの宥和政策は金大中《キムデジュン》政権から始まった北への「太陽政策」や、その後の盧武鉉政権の対北友好政策の延長と強化であり、その種の政策が**すべて失敗に終わってきた事実を無視**している。

・文政権のこのような宥和政策は北朝鮮の現実をみない**幻想**、あるいは**希望**であり、韓国の若者たちへの**危険な洗脳教育**である。そうした認識は、文在寅大統領がアメリカのトランプ大統領やポンペオ国務長官に対して公式に述べている北朝鮮観とはまったく相反している。

・韓国のこの教科書の新内容に基づく朝鮮戦争への認識は、侵略的な独裁国家の北朝鮮が韓米軍に戦争を仕掛け、合計二百五十万人もの犠牲者を出した歴史的事実を無視するに等しく、**アメリカ側の官民の認識とは正反対**となる。

ルービン氏は以上のような激しい表現で文在寅政権の教科書修正を非難して、このままではアメリカ側官民の朝鮮情勢に対する認識や価値観を否定することにつながる、と警告していた。

ルービン氏が同論文で韓国側の教科書についての状況認識の根拠としたのは、主として朝鮮日報一八年六月二十二日付の記事だった。

同記事は韓国教育部（省）がその前日に発表した新教育課程の改正案を詳しく報じていた。同記事が伝えた、その「改正」はルービン氏が指摘した諸点を含んでいた。

ＡＥＩといえば、ワシントンに多数あるシンクタンクのなかでも最大級の規模を有する。しかも政治志向は保守、中道で、トランプ政権からも頼りにされていた。

そのＡＥＩが正面からこの韓国の教科書問題を取り上げたことの意味は大きい。アメリカ側全体での文在寅政権への批判をさらに広げる触媒ともなりそうである。

米国メディアも文政権に猛反発

アメリカでは韓国の文在寅政権に対しては、ニュースメディアまでが非難の矢を放つようになった。文政権側がアメリカのマスコミを抑圧したという抗議が出たのである。

韓国の文在寅大統領を支える与党の代表が一九年三月中旬、アメリカ通信社の韓国人記者の個人名をあげて、**売国者呼ばわりをするという事件**が起きた。その記者が書いた記事のなかで文大統領を「北朝鮮の金正恩労働党委員長のトップスポークスマン」と評したことへの攻撃だった。

この攻撃に対して、まず在ソウルの外国人特派員の会やアメリカのアジア系記者の会までが「危険な報道弾圧」としていっせいに抗議した。文政権の意外な独裁体質が国際的な反発までを招いたという感じだった。

文大統領の支援母体の韓国与党「共に民主党」のイ・ヘシク報道官は同年三月十三日、特定の記者を糾弾する以下のような声明を公式に発表した。

「アメリカのブルームバーグ通信社のイ・ユギョン記者は二〇一八年九月、『文在寅大統領は国連で金正恩のトップスポークスマンとなった』という悪名の高い記事を書いた。この記者は韓国メディアに勤めてからブルームバーグ通信に採用され、それほど時間が経っていないときにその問題の記事を掲載したが、アメリカ籍の通信社の皮を被って国家元首を侮辱した売国に近い内容であると、当時も少なくない論議を呼び起こした」

前年の一八年九月の報道が半年も過ぎてから提起された理由は韓国の国会で一九年三月、最大野党「自由韓国党」のナ・ギョンウォン議員がこのブルームバーグの記事の「文大統領は北のスポークスマン」という部分を引用して、文政権を批判したことだった。

与党の「共に民主党」側は反撃として、この記事の筆者の記者への攻撃を打ち上げたのだった。

その反撃は同記者の個人名をあえて明かして、韓国籍の韓国人であることまで書いて、「売国」と断じたため、同記者への個人攻撃が始まった。

韓国メディアの報道によると、この韓国人女性記者に対しては匿名の糾弾として「平和を恐れる邪悪な女」「国益を邪魔する売国記者」「腐った記事を書くエセ記者」などという誹謗《ひぼう》のメールが殺到したという。

この展開に対して韓国に駐在記者をおく世界各国のメディア百社近くが加盟する「ソウル外信記者会」は三月十六日、**報道の自由への不当な弾圧**だとする抗議声明を発表した。

同声明は文政権を支える与党を次のように批判していた。

「文大統領を支える与党がブルームバーグ通信記者個人を攻撃する声明を発表して、同記者個人の安全に大きい威嚇《いかく》が加えられたことに対して憂慮を表明する。同記者個人を『国家元首を侮辱した売国』と追い込むのは非常に遺憾なことだ。言論統制であり、言論の自由に冷水を浴びせることだ」

アメリカに本部をおくアジア系米人ジャーナリストの組織「アジアン・アメリカン・ジャーナリスト協会（AAJA）」もサンフランシスコの本部とソウルの支部の両方で「共に民主党」への抗議声明を出した。

「韓国の文政権支持政党が単に正常の報道活動をしている韓国人記者に個人レベルでの非難を浴びせ、威嚇を加えることは重大な言論の弾圧だ。報道の自由への侵害でもあり、断固、抗議する」

「共に民主党」の報道官は問題にした記事が本来、アメリカ報道機関のブルームバーグ通信社によって発信されたのに、その記事を書いた記者個人だけに攻撃の焦点を絞っていた。

こんな攻撃方法はアメリカの大手メディアへの抗議を避けて、韓国籍の一記者個人だけを叩くという狡猾《こうかつ》な対応だといえた。

こうした国際的な抗議に対して「共に民主党」のイ・ヘシク報道官は三月十九日、「われわれの発言が誤解を招いたのであれば、韓国内の外国人記者に対して謝罪したい」という声明を出した。

だがメディア側はこの対応ではまだ不十分だとして、「共に民主党」とその背後にいる文在寅政権への非難の姿勢を崩さなかった。

こうした事態の展開は文政権の独裁や専横の体質を象徴する出来事として、アメリカ側でもかなり広範に報道された。

日本側でも文在寅大統領の本当の顔を物語る実例として記憶に留めておくべき事件であろう。

国連からも人権無視と非難された文在寅

韓国の文在寅政権は人権という面でも、アメリカ側からの非難を浴びることとなった。しかもその非難はアメリカ政府だけでなく、国連からもぶつけられたのである。

いずれも文政権の北朝鮮に対する宥和的な言動が非人道的や違法状態を招いたという非難だった。文在寅大統領の思考や政策が国際社会の常識からみてもおかしいという現実の反映だともいえよう。

北朝鮮の完全非核化を推進するアメリカのトランプ政権にとって、文在寅大統領の言動はますます障害とみなされるようになってきた。これまでもすでに報告したように、文政権は非核化よりも北朝鮮との宥和や交流を優先させているような感じだからだ。

だからトランプ大統領はハノイでの第二回米朝首脳会談のものわかれ直後にも文大統領に電話をして、仲介者としてもっと積極的な役割を果たしてほしいと不満をにじませながら圧力をかけたわけだ。

こうしたトランプ政権の文大統領不信は二〇一九年三月十四日に公表された国務省の「世界各国の人権報告書」でも明確に表明された。

同報告書は韓国の人権問題として、以下の諸点をあげていたのだ。

・文政権は北朝鮮からの脱走者たちの組織に対して北朝鮮への批判的な言辞の抑制を求める圧力を直接、間接にかけるようになった。

・その圧力の実例としては脱北者の組織への過去二十年も続けられてきた公的資金援助を打ち切ったこと、風船などでの北朝鮮への政治文書散布を阻止するようになったこと、警察当局が脱北者団体を頻繁に訪ね、財政状況などの調査を重ねるようになったこと、などがあげられる。

・文政権は脱北者たちとその団体に対して、公開の場で文政権の北朝鮮への宥和や関与の政策を批判する発言を抑制することを厳しく要求するようになった。

以上のように国務省報告書は文政権の脱北者に対する、この種の新たな措置を言論や表現の自由という基本的な人権の抑圧だと断じていた。

またアメリカのメディアの二〇一九年三月十七日の報道によると、国連の北朝鮮に対する制裁措置を監視する調査委員会は三月中旬、韓国政府が一八年中に北朝鮮に提供した合計三千トンの石油関連製品の移転を同委員会に届け出なかったという報告書を公表した。

この石油関連製品は朝鮮半島の南北合同の経済プロジェクト用で、北朝鮮への経済制裁の違反とはならないが、その提供の届け出は国連の規定で義務づけられていた。韓国政府はこの規定に違反したというわけだ。

文在寅大統領はこのように同盟相手のアメリカだけでなく、国連からも非難を受けるという状態で、内外での批判を浴びるようになった。

文大統領は北朝鮮とアメリカとの仲介役として、北の非核化という基本目標の実現を揺るがせないという大前提で、トランプ大統領と金正恩朝鮮労働党委員長の会談の実現に貢献してきたとされ、国際的な評価を受けてきた。

だが**その評価がここにきて一気に下落**したわけだ。北朝鮮が文大統領の示唆するようには動かないという現実のせいだといえよう。

ワシントン・ポストの一九年三月十七日の報道によると、文在寅大統領の韓国内での支持率は四五％という同大統領としては異例の低水準にまで下降した。

また同報道は朝鮮半島情勢の危機管理のアメリカ人専門家クリストファー・グリーン氏の言葉として「北朝鮮の非妥協的な言動パターンは文在寅大統領の妥協的な手法による米朝の仲介役の限度を示してしまった。一八年から文大統領が受けてきた『外交技量』への国際的評価は誤っていたといえる」という手厳しいコメントを紹介していた。

確かに現状では文大統領はアメリカからも国連からも非難されて、国際的に孤立といっても過言ではない苦境に追いこまれたようである。

韓国は北朝鮮への宥和よりも国内問題に対処せよ

それにしてもアメリカと韓国との関係はまだまだ広範で密接だとつくづく感じさせられる。ワシントンで見聞するだけでも、米韓両国の結びつきは重層多層をきわめるようなのだ。たとえ文大統領の異様な言動によってアメリカ側に対韓不信が強まっても、なお年来の米韓両国の絆《きずな》は健在という領域も多いのである。

もちろん日本と韓国との関係も独特の近さと深さがあるが、アメリカと韓国とは過去において緊密な同盟関係を一直線に保ってきた点で、アメリカ側が韓国をみる視線は幅が広く底が深いのだ。

だからアメリカ側の韓国研究というのは単に安全保障や政治、外交に留まらない。こんなところにまでという韓国の動向に対してアメリカ側の専門家たちが検証の光をあて、分析し、考察を発表することも珍しくない。この点は日本の韓国考察よりも窓口が広いといえそうだ。

そんなアメリカの韓国考察の実態を強く感じさせられたのは、韓国の人口動態についての米側からの最近の論評だった。

「韓国の文在寅政権は北朝鮮との宥和に国家資源を注ぐよりも、自国内の人口減少や社会の危機に対処しないと、破局的な結果を招くことになる」

ワシントンの大手研究機関が二〇一九年三月下旬、韓国の文在寅政権に対する米側専門家二人のこんな警告を発表した。

韓国は世界でも最低の出生率を記録し、高齢層の貧困化や自殺者の急増など社会の破綻《はたん》の兆しがあらわである。だが文政権はその危機への対処を怠って、北朝鮮との宥和や経済協力ばかりに国家の優先目標をおいている、――という警告だった。

ワシントンのＣＳＩＳの朝鮮半島研究部は米韓関係をさらに重視するという観点から、同三月末に「朝鮮問題公共広場」と題するネット論壇を開設した。

主として韓国の社会や国内経済の課題を論じ、アメリカの朝鮮半島政策の指針とするという趣旨だという。その「広場」論壇では第一回のテーマとして「韓国の人口問題」を取り上げていた。

その論壇には韓国の人口問題や社会問題に詳しいベテラン・ジャーナリストのエバン・ラムスタッド氏とジョージタウン大学のエリザベス・スティーブン准教授の二人がアメリカ側専門家として登場した。

現在はミネアポリス・スター・トリビューン紙経済部長のラムスタッド氏は韓国駐在の経験が長く、韓国の社会問題の知識を買われて、CSISの上級研究員をも務める。

スティーブン氏は人口動態に関する研究を専門とし、韓国の人口問題についても著書がある。

この論壇ではこの二人が対話の形で、とくに「韓国は出生率の記録的な低下という危機に瀕《ひん》しており、文在寅大統領は北朝鮮の非核化問題よりも自国内の人口問題に正面から対処すべきときがきた」という副題での意見を交互に述べ合った。

この時期での韓国の人口問題の提起は一八年の韓国の出生率が〇・九八にまで落ちたという発表が一九年二月二十七日に行われたことが契機となった。

アメリカ側の同専門家二人の見解によると、〇・九八という数字は韓国のこれまでの記録でも、また全世界の先進諸国の間でも、最低の出生率である。もしこのまま進めば二〇二七年には韓国の総人口が絶対数での減少を示し始めるという、**国家としての危機**が迫っているという。

だが文在寅大統領はこの出生率の歴史的な低下という緊急事態が明白となった二月二十七日にはベトナムのハノイで開かれたアメリカのトランプ大統領と北朝鮮の金正恩委員長との首脳会談への関与に忙殺され、自国への危機に十分な関心を向けていなかった、という指摘だった。

ラムスタッド、スティーブン両氏のこの論題での発言は以下の要旨だった。

・一般的に出生率はその国の経済がかなりの速度で向上する際に下がるが、韓国でも同様だとはいえ、若い世代の高等教育志向、都市集中志向などによる結婚延期、出産忌避《きひ》、少子化という傾向が他国よりも顕著となった。その一方、自分たちの将来への展望が明るくない。

・韓国はこれまでの出生率の低下により、二〇二一年には六十五歳以上の人口が十五歳以下の人口を二百万をも上回るという見通しの高齢化が激しくなり、経済の停滞も顕著となった。高齢層の貧困率も四六%、自殺が十万人中百六十人と、いずれも先進国では最高となった。

両氏がこのように明らかにする実態は、韓国という国家の衰退の予測そのものだった。大韓民国という国は国民も政府も、このままでは人口縮小という一要因だけでも衰えていくことが確実だというのである。であるのに文政権はその危機に十分に取り組んでいない、というのだった。

両氏はさらに次のように述べていた。

・文政権も出生率低下を防ぐ対策をとってはいるが、二〇一九年にはその予算を五十億ドル分も減らした。具体的な対策でも育児の経費補助、保育園の増加など目先の問題ばかりを優先し、大企業の女性社員の出産や育児での優遇、男性社員の育児休暇、さらには女性の雇用全体の改善など構造的な課題をほとんど取り上げない。

・文在寅大統領は米朝間の仲介では賢明な行動をとるかもしれないが、自国の人口問題の土台となる経済問題では最低賃金の大幅値上げ、原子力産業の急激な規制など明らかなミスを犯した。文大統領は韓国民に子供のための明るい将来を感じさせる経済、教育、社会の諸問題の構造的な改善を図るべきだ。

・文大統領は任期のなかばを迎えた現在、北朝鮮問題への取り組み優先という基本スタンスを改め、少子化、高齢化、そしてその背後にある**基本的な社会の課題に国家資源のより多くを投入すべき**だ。現状ではたとえ米朝間の仲介にさらに努めても、北朝鮮の非核化という重要目標を近い将来に達成できる見通しは少ない。

ＣＳＩＳを通じてのラムスタッド、スティーブン両氏の以上のような批判や助言は、韓国の同盟国であるアメリカからの率直なメッセージとされていた。北朝鮮問題よりも自国の問題を、という**常識的な助言**だともいえよう。

だが文政権はアメリカ側から自明の理ともいえる、そんな助言を受けねばならないほど、アメリカ側からみて非常識な路線を歩んでいる、ということかもしれない。

執拗な中国の韓国叩きで米国に泣きついた文政権

アメリカからみて文在寅政権の態度は、奇妙とか非常識に映る部分がじつに多いようである。もちろん、それらの部分は日本の基準でみても奇妙なことが多い。文政権の中国に対する姿勢もその一つである。

この点もアメリカ側から厳しく指摘された。

そのアメリカ側の反応を紹介する前に中国と韓国の間で最近、なにが起きたかを報告しよう。

中国では二〇一七年春に韓国叩きがものすごい勢いで広がった。ちょうど文在寅大統領が登場する直前だった。

中国政府が韓国のアメリカからのミサイル防衛網の導入に抗議して、官製の一大反韓キャンペーンを展開し始めたのだ。

中国領内の韓国系商店のボイコット、韓国の芸能人の公演や韓国ドラマの上映の禁止、中韓民間交流の規制、中国人の韓国訪問の禁止、さらにはキムチの販売や購入の禁止まで、異様なほどの韓国の人や物の排斥運動が高まったのだ。

韓国側ではこの反韓運動に音《ね》をあげて、アメリカに中国への抑制申し入れを要請する動きまでが起きてきた。

韓国は北朝鮮の核兵器やミサイルの脅威に備えて、米軍の新鋭ミサイル防衛システムのTHAADの配備を一七年二月に決めた。

この配備に対して中国政府は強い抗議を表明するとともに、中国全国各地の共産党組織を通じて、大規模な韓国叩きのキャンペーンを開始した。

手の平を返すとは、こんな現象を指すのだろう。ついその前まで中国側は韓国との交流を前向きに宣伝して、日本を糾弾する歴史問題でも中韓連合を組んできた。一五年九月の北京での「抗日勝利七十周年記念」の大軍事パレードに韓国の朴槿恵大統領が出席して、中韓連帯を誇示したことは日本側の記憶でも新しい。

ところが**びっくりするほどの大逆転**なのだ。中国側は韓国とのかかわりがある事物はすべて

「抗日戦争と世界反ファシズム戦争勝利70周年」の記念行事に出席した（前列左から）韓国の朴槿恵大統領、ロシアのプーチン大統領、習近平国家主席

ボイコットとなったのだ。官営メディアを総動員しての一般中国国民への指令であり、国民の側も「愛国」の名の下に**いっせいに韓国叩き**に走ったのである。

アメリカのメディアも中国でのこの激しい韓国叩きを詳しく報道していた。

たとえば二〇一七年三月中旬のニューヨーク・タイムズの北京発の記事は、中国各地で合計百十二店もあった韓国企業のロッテのスーパーがボイコットや当局からの突然の立入り検査を受け、半数近くが臨時閉店に追いこまれたことを詳しく報道していた。

同時に中国では韓国製の化粧品やマスク、キムチまでが輸入や販売を規制されたことも伝えられた。

こうした動きは韓国側にアメリカへの訴え

までもとらせる結果となった。

ＣＳＩＳのハワイ支部的な「太平洋フォーラムＣＳＩＳ」は一七年三月下旬、「ＴＨＡＡＤをめぐる中国の韓国叩き＝ワシントンにとっては他人の問題なのか」と題する論文を発表した。同論文は韓国の政府系シンクタンク「韓国統一研究院」（ＫＩＮＵ）の元院長で現在は建陽大学教授の金泰宇《キムテウ》氏によって書かれていた。

それはアメリカ側へのアピールという形で、まず中国の韓国叩きについて、「韓国の有名芸能人の中国での出演の禁止、韓国ドラマや人気歌手の中国テレビの出演の禁止、中国人の韓国観光訪問の禁止、韓国企業に対するダンピング容疑の過剰な追及、韓国産物の輸入の検疫措置の過剰な強化、中国観光客の韓国訪問禁止」などを列記して、まったく**理不尽な韓国いやがらせの措置**だと非難していた。

金氏はこうした中国当局の措置は全体として不当であり、まちがっていると断じ、その理由を以下のように記していた。

①ＴＨＡＡＤの配備の理由は北朝鮮の核兵器とミサイルによる挑発への対応であり、韓国は自衛のために対抗策をとったにすぎない。
②ＴＨＡＡＤは純粋に防衛的な兵器システムであり、破壊的な弾頭を装備していない。その目

的は韓国軍と米軍を北朝鮮のミサイル攻撃から守ることのみだ。
③THAADの迎撃対象は北朝鮮であり、中国を対象にしていない。その偵察対象範囲は八百キロほどにすぎず、米韓側から同ミサイル網で先に攻撃することは絶対にない。
④THAADの偵察能力がたとえ中国領内にまで及ぶとしても、中国が韓国、日本、西太平洋を偵察するレーダー力はアメリカ側よりずっと高い。
⑤中国は韓国の安全保障を無視している。韓国は北朝鮮の核とミサイルという脅威が増大し危機に直面しているのに、中国へのその種の脅威はまったく存在しない。

同論文はまた韓国がアメリカからの要請を米韓同盟に基づいて受けた結果、THAADという、防御的にせよ、新鋭の兵器を自国内で配備するわけで、アメリカの関与の度合いも出発点から高いことを強調していた。

金論文は総括としてアメリカのトランプ大統領が一七年四月上旬に中国の習近平国家主席とアメリカのフロリダ州で会談するので、その際にトランプ大統領が習主席にこの韓国叩きを止めることを求めてほしい、と要請していた。

中国への全面屈服でアメリカが失望

けっきょく中国はこの問題での韓国叩きは止めなかった。だがそれ以上にもう韓国を攻撃する必要がなくなったのである。

なぜなら韓国にその後すぐに文在寅大統領が登場して、**中国への事実上の全面屈服**をしたからだった。この文大統領の措置もアメリカ側を大きく失望させる結果となった。

文政権は二〇一七年十月、中国に対してTHAADなどに関して大幅な譲歩の措置を宣言したのだった。この措置は韓国側では「三NO原則」とも呼ばれていた。要するに中国の懸念を減らすための対中宥和策である。そこでは韓国とアメリカとの同盟関係、そして日本との安全保障協力が犠牲にされる要素が存在した。

文政権としてはそれまですっかり悪化した中国との関係を改善するという意図だったのだろう。だが、そのための措置をアメリカや日本との年来の協力を削るような形で進めるところがいかにも文政権らしいのである。

韓国政府の外交部は同十月末、「韓中関係改善関連両国間合意結果」として発表したのが以下の三つの措置だった。

①韓国内にTHAADを追加配備しない。②アメリカのミサイル防衛網に加わらない。③日米韓三国の軍事同盟を構築しない。

まさに**「三つのノー」**だった。

これらの措置に対して日米両国政府は表面的には反応をみせなかったが、それまで築いてきた日米韓三ヵ国の防衛協力に対して文政権が水をかけたことになり、失望や反発があったことはまちがいない。

韓国領内にはそれまでに合計六基のTHAADが導入されていた。だが文在寅政権はその六基の配備に必要な施設の工事に対して、環境影響評価の調査を実施することを宣言し、本格的な配備を遅らせている。実効力をフルに発揮できない暫定配備なのだ。

文政権の中国に対する、こうした追従の姿勢は**改めてトランプ政権の不満や不信をあおる**結果となったのである。

第四章

韓国はなぜ「反日」しかないのか

ワシントンからみた反日の実相

韓国はなぜ反日なのだろうか。

この基本的な命題も東京で考える場合と、ワシントンで考える場合と、答えはやはり異なってくる。というよりは答えにいたる考え方のプロセスがやや異なってくる。

文在寅大統領が誕生して、韓国側の反日、つまり日本嫌いの傾向がよりはっきりとしてきたことはまちがいないだろう。

たとえばこの韓国側の反日傾向の象徴としての慰安婦問題がある。

日韓両国政府は長年のこの摩擦案件を二〇一五年十二月の両国外相会談での合意で一応、解決した。安倍晋三政権と朴槿恵政権との間の合意だった。この合意では両国政府は長年の慰安婦問題の「最終的かつ不可逆的な解決」を確認した。もう問題は終わったとする公式の合意だった。

だが文政権はこの合意を反故《ほご》にする態度をみせた。主権国家が対外的に結んだ公式の約束をあっさりと否定し、なかったことにしようというのだ。

文氏は大統領選挙中からこの合意を認めず、再交渉を主張していた。政権発足後に日本に特使として送られた与党の文喜相議員は一七年五月、日韓慰安婦合意は「韓国国民の大多数が情緒的に受け入れられないと日本側に明確に伝えた」と言明した。

なおこの文喜相議員は一八年七月には韓国の国会議長となった。そして慰安婦問題では「天皇の謝罪」とか、いまの上皇様をさして「戦犯の息子」などという非礼な言葉を発した人物である。その後、文議員は一九年十一月にまた来日して謝罪のような言葉を述べたが、なおその態度は明確ではない。

しかし一七年五月の文議員の言葉は象徴的だった。韓国の文在寅新政権が日本への公約よりも**自国民の情緒を優先させるという姿勢**を堂々と示したからだ。

情緒とは簡単にいえば、感情である。気分や気持ちと呼んでもよい。理性や理知とは異なる人間の情ともいえよう。

日本語の辞書でも「情緒的」とは「理性を失って感情をむきだしにするさま」と定義されているほどだ。

文議員が指摘したこの種の「情緒」とは、要するに韓国側の反日感情ということである。この反日感情こそ日韓関係の長年のキーワードだともいえる。

韓国側の官民の日本への政策も言動も、この反日感情が最大の要因とさえいえる日韓関係の真実である。

だからこそこの真実をわかりやすい表現で明言した文議員の言葉は、日本側に韓国新政権の現実を知らせる点で貴重だった。

こんな現状では日本側は韓国の反日感情とはなんなのか、基本から再考することが必要だろう。おおげさに言えば、韓国の反日の根源を探査するということだろう。

日本では長年、韓国民が日本に悪感情を抱くのはひとえに日本の過去の行動、とくに日韓併合による朝鮮半島の統治の歴史が原因だとする考察が主流だった。あるいは戦後の日本側の韓国へのネガティブな言動が原因だとする考察も多かった。

要するに非は日本側にあるという認識である。

ところがアメリカ側では「韓国の反日感情の原因は決して日本側にはないのだ」という分析が公表されていた。

「韓国官民の反日傾向は病理的なオブセッション（強迫観念）であり、原因は歴史だけではない」

こんな辛辣《しんらつ》な分析がアメリカ人学者により発表され、ワシントンでも波紋を広げたのである。この見解は当時のオバマ政権内外の対アジア、対日韓関係の専門家たちの間で熱い注視を集めるようになった。

歴史問題ではなく対北朝鮮との正統性争いに「反日」を利用

アメリカのオハイオ州立大学で政治学の博士号を取得し、現在は韓国の釜山国立大学で教授を務めるアメリカ人政治学者ロバート・ケリー氏が二〇一五年夏にワシントンの外交政策関係者の間でよく読まれる政治雑誌「ナショナル・インタレスト」など数誌に発表した**「なぜ韓国はここまで日本に妄念を抱くのか」**という論文だった。

そして結論として、韓国は反日を歴史とか植民地支配を原因とするよりも、本当は朝鮮民族の正統性をめぐる北朝鮮との競合の道具として使っているのだ、と指摘していた。この場合の正統性とは民族や政権が適切だと広く認められるための価値を有する資格だといえる。

ケリー教授は同論文で、近年の自分自身の韓国暮らしの体験からまず述べていた。

「韓国で少しでも生活すれば、韓国全体が日本に対し異様なほど否定的な執着を抱いていることが誰の目にも明白となる。異様なほどの反日の実例としては韓国の子供たちの旧日本兵狙撃《そげき》遊びや日本軍国主義復活論やアメリカ国内での慰安婦像建設ロビー工作まであげられる。日本の国旗を連想させる赤と白の縞《しま》のシャツをきた青年が謝罪をさせられるという最もくだらない事例も目撃した」

そのうえでケリー教授は、これほどの官民一体の日本叩きは七十年前までの歴史や植民地支配だけが原因だとは思えない、として以下の骨子の分析を述べていた。

・韓国の反日は単なる感情や政治を超えて、歴史を原因とするよりも、韓国民の自己認識(identity)、そして朝鮮民族としての正統性(legitimacy)を内外に認めさせるための主張であり、自分の自分らしさを規定するために必要な自己表現なのだ。

・韓国の反日は朝鮮民族の伝統や誇り、そして純粋性を主張するための道具や武器だが、その強調はどうしても北朝鮮との競争になる。だが朝鮮民族の純粋性や自主性、伝統保持では韓国は北朝鮮にはかなわない。そのギャップを埋めるために日本を叩くことになる。

・韓国の正統性主張では民族面での純粋性を説くには欧米や日本の影響が多すぎ、政治面で民主主義を強調するには人的コネや汚職が多すぎる。だから北朝鮮にはどうしても劣るために日本を悪と位置づけ、叩き続けることが代替の方法となり、自国民礼賛の最有効な手段となる。

とすると韓国の反日は**日本の過去や現在の言動にかかわりなく存在**するということになる。

反日はその存在自体に意義があるとなれば、日本が謝罪しても補償してもなにも変わらないことにもなる。

要するにケリー氏の分析は、韓国民の自己の正統性主張は本来なら北朝鮮に対して向けられるべきなのに、日本叩きがその安易な代替方法となっている、というのだ。

日本を使うのは、ひとえに朝鮮民族の正統性主張の競争で北朝鮮にはとても勝てないからである。だが本来は北朝鮮という存在は韓国となお戦争状態にあり、韓国の消滅を正面から唱えてきた敵なのだ。だがその敵よりも、日本をもっと激しい怒りや憎しみの対象として非難し続けるのだ。

ケリー論文の要点はこんな骨子だった。

だからこそケリー氏は韓国の「反日」を「強迫観念」とか「妄念」と呼んだのだろう。

米国内で広まる日韓関係の真実

日本の学者や政治家がこんな見解を述べたら大変なこととなろう。だが日本との特別な絆もないアメリカ人学者が韓国に長期、住んだうえでの反日論考ならば客観性は否定できない。韓国人もあまり文句はいえない。

ケリー氏が指摘する韓国の反日感情の実態を文喜相議員の述べた「韓国人の情緒」という言

葉に当てはめて考えると、いくつかの教訓のような現実が浮かびあがる。

その第一は、韓国側の反日の**「情緒」**は、もはや日本が主要な原因では決してないという現実。

第二には、だからこそその韓国側の反日の解消のために**日本側がなにか努力をすべきだという発想も不毛**だという現実。

そして第三には、韓国側のこの種の日本への態度には**「理」がほとんどない**という悲しい現実だといえよう。

日本側の一部では従来から韓国の「反日感情」は、とにかく日本のまちがった言動が原因だとする主張が強かった。だが、その「反日感情」は韓国側が自分たちの自己主張のために勝手に作りだした「情緒」だということになれば、日本側のこんな態度も誤った自虐的錯誤だということになる。

このケリー論文が出たとき、ワシントンではちょうどオバマ政権内外でも韓国の反日ぶりをあまりに極端だとする認識が広がっていた。ケリー論文はその認識を強め、オバマ政権が朴槿恵大統領に日本への硬直した姿勢を軟化させるように迫ることへとつながっていった。その意味でのケリー氏の指摘は重要だった。

韓国の反日の本質がこんな状態であれば、慰安婦問題などの歴史案件でいくら日本が譲歩してみても、韓国側の満足が得られるはずがない。韓国の反日はその動きによってなにかの実現を目指すというよりは、**反日を続けること自体に意義**があるからだ。

韓国の反日は本来、外交交渉の対象になりうる明確な理屈のある内容ではないのである。ケリー教授の分析に従えば、韓国の反日というのは韓国の勝手な都合で日本を身代わりののしりや非難の標的にする全国民的な傾向ということになる。

そしてアメリカ側でもその後、こうした分析への賛同が明らかに増えていったのだ。日韓関係の真実ともいえる重要な要素がいまやアメリカ側でもやっと認知されるようになった、ということだろうか。

建国当初から始まった韓国の歴史捏造を米国が否定

しかし韓国の日本に対する反発や敵意が国家としての歴史に起因することも否定はできない。韓国と日本との国家同士のぶつかりあいの歴史は抹消することはできないだろう。

しかもその歴史は日本が朝鮮半島を統治していた時代のことではなく、その統治が終わってからの両国の衝突という部分も大きいのだ。その衝突にもアメリカが深くからんでいたのである。

私は日韓両国のそんな戦後の歴史についてもワシントンで自然と学んでいった。

韓国側の現在の反日姿勢がケリー教授の指摘するように自己認識、自己弁護が主要因であっても、なおその土台には歴史の要因、しかも歴史は歴史でもゆがんだ要因が横たわることは日本側としても知っておくべきだろう。

その種の歴史的な要因は韓国の国家や国民の生い立ちとともに、その特殊性を物語っている。日本にとっての歴史上、知っておく常識的な教訓ともいえようか。

その第一は韓国が建国後のまもない時期に日本に対して戦争を遂行して勝った、いわゆる**「対日戦勝国」だと内外に宣言していた歴史的事実**である。

日本はいまの韓国を含む朝鮮半島全域を日本領土として統治した。一九一〇年から四五年までの期間だった。朝鮮半島の住民は日本国民となり、日本の行政、立法、司法の下に生きることとなった。第二次大戦では朝鮮半島の多くの住民が日本軍の将兵として米軍などと戦った。

だが日本がアメリカなどに占領された後に独立を回復した五一年九月のサンフランシスコ対日講和条約署名では当時、建国まもない大韓民国（韓国）は自国も日本と戦争をして勝利した対日戦勝国だと自称して、講和条約への参加を求めたのだった。

これはあまりに**無理な主張**だった。韓国には無理な主張の上に国家を築いたような戦後の歴史が存在するのである。

日本が主権を回復するころの韓国の李承晩《イスンマン》政権はアメリカ政府などに対して第二次大戦中、韓国が日本と戦争をしていたのだと執拗《しつよう》に言い張った。

その論拠なるものはごく一部の朝鮮代表が一九一九年に中国領内で宣言した「大韓民国臨時政府」だった。

だが、ここでもアメリカが枢要の役割を果たした。

アメリカ政府は第二次大戦中に大韓民国臨時政府は国際的な存在ではなく、その代表が日本軍と戦った事実もないと反論したのだ。そして韓国の対日講和条約への参加の要求を一蹴《いっしゅう》した。

韓国側はその後も同じ要求を何度もぶつけたが、アメリカ側の反応はまったく同じだった。

こんな虚構を国際的に主張し、平然としているのが建国当時の韓国政府だったのである。**歴史上の事実を踏みにじる特異体質の国家**だったとみなされてもしかたないだろう。

第二は韓国が日韓併合自体を国際的にも違法だったと主張してきた歴史的事実である。

日韓関係を形成する歴史の基本点は一九一〇年からの日韓併合と六五年の日韓国交正常化だといえる。韓国はその国交正常化の時点でも、改めて日韓併合は違法（無効）だったという見解を主張した。

日本側はこれに対して日本による当時の朝鮮半島併合は無効ではなく合法だったと一貫して主張してきた。

日本側の主張は、当時の朝鮮半島を統治していた大韓帝国当局が日本による併合を正式に認めた事実に依拠していた。日本の主張はそのうえアメリカやイギリスという欧米列強もみな一様に日韓併合を合法な動きとして認めた事実によって支えられてきた。

アメリカはここでも重要な役割を果たしていた。

だが韓国側ではいまの文在寅政権はもちろんのこと、**歴代の政権が日韓併合は当初から無効だという主張を変えない**できた。日韓国交正常化の時点に韓国側が日韓併合当時の事実関係を無視して、改めて明示した主張だった。国際的な認識に背を向ける独断的な主張だといえる。

韓国と日本とのこの点での溝は巨大である。話し合いや協議で埋められる性質の食いちがいではない。

いまの一連の日韓対立の原因となる案件は、ほぼすべて日韓国交正常化の際の条約に関連している。韓国側がその条約の規定を無視する行動に出ているのだ。いわゆる元徴用工（実際は戦時労働者）問題にしても、六五年の日韓条約によって決着、あるいはたとえ問題が再浮上しても、賠償責任などはすべて韓国政府が負うという規定に韓国側が明らかに反しているのである。だが文在寅政権はその違反や矛盾は平然と無視する。

こうした韓国側の態度の背景には、明らかに国際条約である日韓条約でさえも、本当は認めていないのだという本音がちらつく。さらにはその本音は日韓国交正常化の際でさえも、韓国側は日韓併合自体を違法だとする立場を保ったのだという意識と明らかにからみあっている。

いずれも日本側として受け入れは不可能な韓国の歴史に関連する態度なのである。

以上、歴史上の二点が日本側に示す教訓とは、今回の対立でも、また将来に予測される、さらに厳しい衝突でも、**話し合いとか協議によっては韓国とのくい違いを解消はできない**という展望である。

韓国びいきの学者でさえ日本を批判できない

日本と韓国との歴史上の対立については「アメリカ政府が日本をえこひいきしたために日韓の対立が激しくなったのだ」とアメリカ側を非難するユニークな見解もワシントンで最近、知らされた。ユニークだと評したのは、その非難がアメリカ人学者によって表明されていたからだ。

「日韓対立のそもそもの原因は、アメリカ政府が日本を韓国よりも大切にしすぎたためだ」

こんな異色な見解がアメリカの歴史学者から表明された。「だから日韓両国はアメリカを非難すべきだ」とも主張する。この見解には意外なことに日本への非難がなかった。この歴史学者は韓国支援、日本非難で一貫した言動の人物なのに、である。

二〇一九年九月のことだった。

日韓対立が国際的な波紋を広げ、アメリカの対応も一段と重視されるようになったなかでの米側のおもしろい動きの一つだった。いまの日韓対立ではその原因を日本側に帰することは、**韓国びいきの学者でも難しくなったのだ**とも受け取れる現象である。

この見解を発表したのはアメリカのコネチカット大学教授のアレクシス・ダデン氏だった。ダデン氏は朝鮮半島や日本の歴史を専門に研究してきた女性歴史学者である。

ダデン氏といえば、日本と韓国の間での歴史認識関連の対立では日本糾弾を鮮明にしてきた。二〇〇〇年の東京での「女性国際戦犯裁判」でも主宰者の一人となり、昭和天皇を有罪とする「判決」を出した枢要の活動家だった。

〇七年のアメリカ議会下院の慰安婦問題に関する日本政府非難の決議でも、ダデン氏は推進役の一員となった。慰安婦問題では「性的奴隷」「日本軍による強制連行」「二十万人が犠牲」など朝日新聞の誤報と歩調を合わせる形の日本叩きを続けてきた活動家でもあった。

とくに安倍晋三首相に対しては「軍国主義者」とか「裸の王様」など、口汚い言葉を浴びせ、日米関係でも安倍氏を「危険な人物」として攻撃してきた。

その一方、ダデン氏は韓国政府には頻繁に助言を与え、韓国側官民から頼りにされてきた。一五年には韓国民間機関から「安倍首相の歴史歪曲にノーを告げた」との理由で「平和大賞」

を受けたほどだった。

そのダデン氏がニューヨーク・タイムズ一九年九月二十三日付に「東アジアでのアメリカの汚い秘密」と題する投稿論文を載せた。

同論文は脇見出しに「日本と韓国がいまぶつかるのはアメリカが長年、（日本を）えこひいきをしてきたからだ」と書かれたように、日韓対立についてアメリカ政府は一九六五年の日韓国交樹立のころから日本ばかりを優遇してきたとして、非難していた。

要するに「日韓対立は、そもそもアメリカ政府が日本を不当に支援しすぎ、韓国を見下した結果だ」というのである。

日韓の慰安婦問題など歴史関連の摩擦では一貫して日本側に非があるとする主張を続けてきたダデン氏は、この投稿論文では日本の非をほとんどなにも述べずに、ひたすらアメリカ政府の過去の態度を責めるのだった。

いまの日韓対立では、アメリカ側のこれほどの韓国びいき、日本叩きで知られた人物でさえ、**日本を悪者にはできない**、ということだろうか。

ダデン氏はそのニューヨーク・タイムズへの投稿では以下の趣旨を述べていた。

・日韓のいまの争いはアメリカ政府が六五年の日韓条約の仲介にあたり、日本ばかりを重視して、日本の朝鮮半島支配の実態や韓国側からの賠償請求の権利を無視したことがそもそもの原因となった。

・当時のアメリカ政府担当者たちは日本の共産化を最も懸念し、日本の立場を優先的に配慮する一方、朝鮮民族を見下す傾向が強かった。この傾向が日韓の当時の条約にも反映され、韓国側の賠償請求権も曖昧にされた。

・アメリカは当時、自国の利益のためにのみ、日本の立場を優先して考え、韓国側の賠償請求権などを不明確にした。このことがいまの日韓衝突の真の原因だから、日韓両国とも非難のホコ先をアメリカに向けるべきだ。

以上のように述べて、日本については慰安婦を依然、「性的奴隷」と呼んだほかは、ほとんどこれまでのような糾弾を浴びせなかった。

同氏の日韓間の諸課題についてのこれまでの論評で、日本を攻撃しないという事例はほぼ皆無だった。今回の日韓対立では、韓国側の主張を正当だとする議論の展開がきわめて難しいからとも受け取れる異色の意見発表だった。

ダデン氏はこの往時のアメリカ政府の日本優先傾向を「汚い秘密」と評し、その政策の代表的な推進者として一九四〇年代から六〇年代までアメリカ外交官として活動したW・J・シーボルド氏をあげていた。

シーボルド氏は日本占領軍のマッカーサー総司令官の政治顧問やビルマ（現在のミャンマー）大使、東アジア担当の国務次官補代理などを務め、アメリカ政府の日本や韓国への政策形成に大きな役割を果たしたという。

シーボルド氏の回顧録からダデン氏は以下の記述を**「韓国側への偏見」**として引用していた。「朝鮮民族は暴力に走りやすい。韓国というのは抑圧され続けてきた、みじめで貧しく、むっつりとした、いつも不機嫌な人々の国家であり、時代に取り残されてきた」

この記述は、ダデン氏によると、韓国や朝鮮民族に対する明白な軽蔑《けいべつ》であり、この韓国観こそが六〇年代のアメリカ政府の韓国や日本への政策の根底に存在して、韓国側の日本に対する賠償請求権を不明確のままにしてきたというのだ。

以上のようなネガティブな韓国観を「日韓両国に対する政策では日本をえこひいきして、韓国を不利な立場においたことの原因」として非難していた。その「えこひいき」がいまの日韓対立を生んだ遠因だというのである。

だがダデン氏のこんな主張は、いまの日韓対立の説明にしてはあまりに無理があるといえよう。そんな無理までしないと、いまの韓国の立場は擁護できないようになったのだ、という見方も成り立つようである。

安全保障では韓国は「敵国」と考えよ

ワシントンで長年にわたり韓国に関連する出来事を報道してきた私の体験をいろいろと報告してきた。その種の体験のなかでも特筆できる教訓の一つは、韓国の安全保障面での日本に対する態度についてだった。

日本にとっての韓国の重要性の構成要因にあえて順位をつけるならば、やはりトップは安全保障だろう。安保面では日本も韓国もアメリカの同盟相手である。

だが、ここでは「友の友は友」という方程式は通用しない。日本にとって韓国はアメリカの同盟国であっても、**日本の同盟パートナーではない**のである。むしろ敵でもあるような要素が確実に、しかも歴史的に存在するのだった。

その事実をワシントンでごく早い時期に知ったことは、私の韓国観を正しい方向へと深めたと自負している。

二〇一八年十二月、韓国海軍の軍艦が日本の自衛隊機に攻撃準備段階としてのレーダーを照射した。実弾発射の直前の措置だった。

ふつうアメリカ軍の戦闘機などはこの種のレーダー照射を受けると、自機への攻撃に等しいとみなし、ただちに反撃の行動に出る。照射は戦闘状態に近い敵対的な行動なのである。

この事件は日本国内でも激しい反発を生み、国際的にも大きなニュースとして波紋を広げた。日本と韓国は公式には、ともにアメリカを同盟国とする「味方」同士だからだ。

韓国軍が日本の自衛隊に挑発的な行動をとるはずがない。その動きは一部の将兵が勝手にとったのだろう。あるいは、いまの日韓両国の政治的な対立のために韓国側の一部の軍人が感情的となり、腹立ちまぎれに日本への威嚇的な動きに出たのだろう。

日本国内では事件直後、こんな見方が多数派だった。

なにしろ日本と韓国はともにアメリカの同盟国であり、近年の北朝鮮や中国の軍事脅威に備えて米日韓三国の防衛協力の必要性が叫ばれてきた。そんな状況下で韓国が日本の自衛隊機に危険なレーダー照射を実行するとはあまりに奇異である。意外や意外、韓国側の軍人の一部がつい情緒的な反応へと走ってしまったのだろうか。

ところが実際には、韓国軍には日本を仮想敵国とみるような潜在意識が歴史的に存在するのである。

二十年以上前から日本を仮想敵国にしていた韓国軍

韓国の軍事態勢では二十数年前から兵器や戦略という面でも、日本を仮想敵とか脅威とみて、そのために必要な措置をとってきた経緯があったのだ。**韓国の反日はそれほど根が深い**ということだろう。

韓国軍は伝統的に日本を長期の脅威とみなす軍事力強化策をとり、アメリカから警告を受けた歴史がある。日本ではほとんど知られない重要な事実である。

北朝鮮の軍事脅威が顕著な一九九〇年代、韓国は北朝鮮への防衛に最も必要とされた地上部隊の強化を怠り、日本を脅威とみての海軍や空軍の増強に重点をおき、アメリカ当局から抗議を受けたという事実が存在するのだ。

韓国軍部の反日姿勢には長い歴史があったのである。その事実を私はワシントン駐在の記者として取材し、報道した。私自身にとっても貴重な教訓となる出来事だった。

その事実の全体図を私自身が書いた産経新聞記事を再現することで、まず伝えよう。

第一は産経新聞の一九九四年十二月五日の朝刊国際面に載った記事である。見出しは以下だった。

《韓国軍の空・海強化計画「日本脅威」傾き過ぎ　米共和党　次期議会で調査開始》

そして本文は次のようだった。

《米議会の共和党は、韓国軍の軍事能力強化の計画が日本を潜在的脅威と見立てた空、海軍の増強に傾きすぎている――として1月の次期議会で公聴会などを開き、本格的な調査を開始することになった。米議会側では、「韓国は在韓米軍と共同で北朝鮮（朝鮮民主主義人民共和国）の脅威に備えるため、地上防衛軍の強化に最重点を置くべきだ」と主張しており、ウィリアム・ペリー国防長官も韓国が日本を仮想敵として中長期の防衛計画を立てている実態を認め、韓国側に抗議したことまで明らかにしている。

共和党筋が3日までに明らかにしたところによると、議会共和党は上院外交委員会などを中心に第104議会で、韓国軍の兵器調達計画などの調査を開始する方針を決めた。特に在韓米軍の任務に関連して、韓国の中長期の軍事計画が日本を潜在的脅威とみての増強に比重を置きすぎているとの認識に立ち、米国の防衛予算の使途という見地から下院予算委員会なども加わって公聴会を開くことも予定しているという。

米議会では、韓国軍の軍事計画の現状を「米韓共同防衛態勢のゆがみ」ととらえ、下院がことし（1994年）6月、「米韓共同防衛では北朝鮮の現実の脅威に対し、原則として韓国軍が地上防衛、米軍が空、海の防衛と責任分担が決まっている。だが、韓国軍は地上防衛能力になお欠陥があるにもかかわらず、その改善計画では費用の顕著な部分を地上防衛以外の分野に向けている」と指摘。その是正を目指すために、米国防総省に調査と報告を求める決議案を可決した。

この決議は「他の分野」として、(1)潜水艦(2)駆逐艦(3)高性能の航空機をあげ、「これらの兵器は地上軍事能力の改善に役立たず、その分、米軍への負担が増す」としている。

この決議には、韓国がなぜ北朝鮮からの攻撃への対処に直接、有用ではない潜水艦などの増強に力をそそぐのかは明記されなかったが、その理由が主として中長期の日本の潜在的軍事脅威に備えるためとされることは、米側の議会筋や朝鮮問題専門家が明らかにしている。

事実、ことし5月にペリー国防長官がワシントンで朝鮮半島の安全保障について演説した際、議会調査局のアジア安保問題の専門家ラリー・ニクシュ氏から「議会では最近、韓国軍が日本からの仮想脅威に対処するため、空、海の軍事能力強化を優先させていることに批判がある。韓国側にその是正を要請したか」という質問が出た。

これに対し同長官は「確かにここ数年、国防総省も韓国軍のそうした(日本を仮想脅威としての)目的の兵器システム開発計画の不適切な優先順位に懸念を抱いている」と述べた。さらに同長官は、4月の韓国訪問では韓国側にその現状を抗議し、是正を正式に求めたことを明らかにした。

共和党議員には、米韓軍による「北朝鮮からの総攻撃に対しては北の中枢への通常戦力での大量報復」という抑止戦略が実効を失いつつあるとの認識がある》

記事の内容は以上のとおりだった。

なんともショッキングな実態ではないか。

韓国軍は日本を仮想敵とみなしているというのだ。

北朝鮮よりも日本が脅威

一九九四年といえば、アメリカ側はビル・クリントン政権、韓国は金泳三《キムヨンサム》政権だった。

韓国側はわりに安定した政権の時代だったが、ちょうどこのころ北朝鮮の核兵器開発への動きが米朝関係を緊迫させるようになった。米韓両国にとって北朝鮮の軍事脅威が重大に認識されるようになっていたのだ。

ところがそんな時期でも、韓国軍は北朝鮮との戦闘に不可欠の地上戦力を強化せずに、海軍や空軍の増強を求めていた。その動機は**日本を脅威とみる認識**だったのである。

この歴史的な事実はいまの日韓関係の悪化をみるうえで重要な意味がある。韓国側の日本敵視はこれほど根が深く、層が厚いのである。この背景を踏まえると、最近の韓国軍艦による自衛隊機へのレーダー照射など簡単に説明がついてしまうのだ。

韓国の日本脅威認識と、その認識に基づく防衛政策については私はワシントンからその翌年にも同趣旨の記事（九五年一月十九日の産経新聞朝刊国際面）を発信していた。

見出しは**《米、韓国の防衛政策に不満》**、内容は以下である。

《韓国の防衛が当面最大の脅威とされる北朝鮮地上軍よりも日本へ重点を置き軍事力整備が進められていることに対し、米国政府が強い不満を抱いていることが17日付の米紙ウォールストリート・ジャーナルの報道で伝えられた。

同紙はソウル発で米国の国防当局が同盟国の韓国の防衛政策に強い不満を抱いていることを報じた。この記事は「韓国国防省は長期の脅威としては北朝鮮よりも日本を恐れている」「米国政府当局者は韓国の北朝鮮への対抗戦闘能力を疑問視している」という見出しで、ソウルの韓国防衛関係者や在韓米軍当局者の説明を伝えている。

同記事によると、韓国軍当局は「３６０度防衛」の標語の下に長期の脅威としては北朝鮮よりも日本を第一に位置づける方針をとり、北朝鮮への抑止、防衛の中心となる地上兵力の強化よりも海軍、空軍の増強に重点を置く傾向が続いてきた。この政策の表れとして韓国軍は潜水艦、偵察衛星、駆逐艦などの調達に力を入れているという。

さらに同記事によると、韓国の同盟国として共同防衛にあたる米国としてはこの韓国の「日本脅威」戦略に明確に反対し、韓国軍が北朝鮮への防衛を在韓米地上軍に依存する度合いを減らすことを要請している。（後略）》

私は産経新聞に当時、この記事に加える形で短い解説を書いていた。「視点」というタイトルでの解説記事だった。本体の記事と同じ日の紙面に掲載された。

《【視点】韓国軍の空・海強化計画　「日本脅威」傾き過ぎ　対日認識屈折あらわ》

《米議会の共和党が韓国軍の日本を潜在的脅威とする増強計画に批判を強めたことは、韓国の安全保障面での屈折した対日認識に光をあてることになった。一方、米国側ではこの動きは共和党主体の新議会が同盟国との共同防衛の責任分担区分をより厳密に求める傾向を示したといえる。

米韓防衛関係を長年、研究する米海軍大学院のエドワード・オルセン教授は「想定可能のあらゆる事態に対応する軍事シナリオを考えるのが軍の任務だから、危険視する必要はないが、韓国軍が日本を将来の潜在的脅威、あるいは仮想敵として軍事対処を検討しているのは事実だといえる」と述べる。

別の米国軍事筋は、（1）韓国軍部には北朝鮮が現状の政体のまま続くのは10年未満とみて、朝鮮半島の統一、米軍の撤退という展望を踏まえ、日本が地域的に新たな軍事的脅威となるとの見方がある（2）韓国の国防省所属の国防研究院には最近、日本の防衛態勢を専門に研究する部門が新設され、女性研究者の宋永仙博士の下に専門家6、7人が勤務し、あらゆる事態を想定した机上演習をしている（3）韓国軍のドイツ製ディーゼル潜水艦の購入や、駆逐小艦隊の整備は日本の自衛隊に対抗するためだろう（4）しかし近代兵器の調達には長期間を要し、調達は将来に備えてで、日本を目前の敵とみていることを意味しない――などと述べている。

ブッシュ政権の国家安全保障会議（NSC）のアジア担当官だったトーケル・パターソン氏は「日本を対象とするようにみえる韓国の兵器類の調達や開発には、防衛産業育成という側面も大きい」と指摘する。だが、日本といま安全保障面でも交流や連携を広げる韓国が、一方で長期の視点にせよ日本を潜在的脅威と認識しているとの屈折した側面があることは否定できない》

以上だった。古い話だというなかれ。韓国の軍事面での日本脅威認識には、これほど長い伝統があるということなのだ。

そしてなによりも、二〇一九年十一月の現在でも、日本側の防衛省、自衛隊の複数の幹部たちの言によると、韓国軍の**「日本潜在脅威認識」**はいまも存在し、韓国の防衛態勢にちらほらと「衣の下のヨロイ」のように散見される、というのだった。

この経緯をみると、前記の最近の韓国軍による自衛隊機に向けての攻撃用のレーダー照射事件もまた、まったく別の様相をみせてくるといえよう。

憲法九条をノーベル平和賞に推薦する韓国と「九条の会」の狙い

韓国側が日本を軍事的脅威になりうるとみて、軍事的に無力に近いまま抑えておこうとする意図はまったく別の形でも表明された。

韓国の政治家や識者たちが日本の憲法九条をノーベル平和賞の候補として推薦したのだ。

二〇一四年十二月、韓国で「日本平和憲法九条をノーベル平和賞に推薦する韓国委員会」という組織が旗あげをした。座長に李洪九《イホング》元首相が就き、元最高裁長官や政官界、学界、宗教界などの著名人約五十人が推薦状に署名したと発表された。詩人、作家、俳優も名を連ねていた。

さらにその直後の一五年一月には韓国の国会議員百四十二人が「日本国憲法九条をノーベル

平和賞に推薦する」という署名に名を連ねたことが発表された。当時の野党・新政治民主連合の元恵栄《ウォンヘヨン》議員と与党・セヌリ党の李柱栄《イジュヨン》議員が記者会見で公表した。

元、李両議員はその趣旨として「国際社会は平和憲法九条を改正しようとする日本の右傾化を懸念している。韓国には国際社会の一員として日本の憲法九条を守る責任がある」などと述べた。

なんとも**奇妙な話**だった。

韓国が日本の憲法の特殊な条項を守る責任があるというのだ。

この韓国の国会議員百四十二人の署名状は「戦争放棄と交戦権否定を宣言し、東アジアと世界の平和のとりでの役割を果たしてきた平和憲法が存続することを願う」とも宣言していた。そして日本側の改憲の動きを「反平和」とする記述もついていた。

こうみてくると、韓国でのこの動きは日本の憲法九条を讃えるというよりも、その改正を阻もうとする意図のほうが露骨だった。だが当時は、その真の意図があまり鮮明にはならなかったといえよう。

だが韓国の根深く幅広い日本への敵意や憎悪が鮮明となったいま、韓国側の日本の憲法改正を阻もうとする意図ははっきりしてくる。

「日本の憲法九条をノーベル平和賞に」という韓国側の動きは、賞賛でも善意でもなく、主権国家としての**日本を抑えつけておこう**という意図に根づくことが鮮明である。偽善と欺瞞《ぎまん》の行動のようにさえ映る。その根拠の一つは、韓国が日本領土の竹島を軍事占領している事実だといえる。

普通の主権国家であれば、自国の固有の領土を外国に不当に軍事占領されたとなれば、外交交渉を経て、当然、軍事力を使っても奪還することを考える。だが憲法九条で対外的な軍事力の行使を大幅に制限される日本はそれができない。だが憲法九条を変えれば、できるようになる。

となれば竹島を返したくない韓国が日本の軍事力行使を自縄自縛している現憲法を変えるなと願うのは当然である。そもそも韓国軍には日本を仮想敵国扱いする伝統まであるのだから、その日本の軍事力、防衛力を抑えておくことを望むのは自然となる。

しかし韓国で二〇一四年、一五年になぜ日本の憲法にかかわるこんな動きが起きたのか。

日本側の動きがその発端だった。

一三年はじめごろから、日本国内で「憲法九条をノーベル平和賞に推薦する」という運動が始まった。神奈川県座間市の女性活動家が始めたとされる。

同年八月には既存の護憲団体「九条の会」や日本共産党などの支援を得て、その目的のために「『憲法九条にノーベル平和賞を』実行委員会」が設置された。

この組織は当初、憲法九条自体をノーベル平和賞の候補にしての推薦活動を始めた。しかし同賞は人間か組織だけが授賞対象とわかり、一四年から「日本国民」を授賞候補として推薦するようになった。

だが二〇一四、一五の両年とも落選した。ノーベル平和賞の推薦人は国会議員や大学教授に限るとされていた。

そこで日本側のこの運動家たちが韓国や中国にも支援を求めたのである。韓国側では待ってました、とばかりの「協力活動」が起きた。

日本側での政治的意図も当初から明白だった。ノーベル平和賞という外部の要因を日本国内に持ち込み、憲法に関しての一方の政治的立場の権威づけをしようとする意図だろう。日本でのノーベル賞への重みを利用して、憲法の改正を阻もうとする政治的な意図だともいえる。護憲勢力の一部が試みる外圧利用の変形、国家の基本からしても邪道だといえよう。

ところがここに韓国が乗ったのだった。

一六年には「『憲法九条にノーベル平和賞を』実行委員会」の推薦文は韓国側勢力と一体となっての活動を正面から明示した。同委員会は「韓国共通推薦文」を提示し、「韓国・春川市の大学教授など、九名の皆様（代表　翰林聖心大学教授・尹載善《ユンジェソン》氏）が連名で、ノルウェーのノーベル委員会宛て、共通推薦書を提出してくださいました」と記していた。

韓国側の推薦文は「日本の憲法九条が北東アジアの国際平和メカニズムの役割を果たしてきた」としたうえで、「日本がこういう信頼に背き、憲法を改定して交戦権を持つと、東北アジアの平和は不安になり、武力の衝突を避けられません。不幸な歴史を繰り返さないためには、戦争だけは抑えるべきです」と述べていた。

客観的な根拠のない情緒的平和論の典型の記述だった。そんなすばらしい憲法九条なら、**なぜ韓国が採用しないのか**、という疑問も呈されるだろう。

前述のように韓国は軍事力を行使して、日本の領土の竹島を占領した。いまもそのまま軍事占領している。憲法九条の精神と正反対の行動である。

その軍事力行使の当事国の韓国が日本に向かって非武装精神の憲法九条を守れと、指示するのだから**お笑い**である。

明確になった韓国の悪意

この韓国側の動きや言明を三年後の二〇一九年末の現情勢下においてみると、日本への悪意はきわめて明確になる。いまの日韓関係では韓国軍が日本の自衛隊機への射撃用レーダー照射に象徴されるように、韓国軍が年来、日本を脅威あるいは潜在敵とみなしてきたことが浮きぼりにされた。いわゆる徴用工や慰安婦問題での韓国側の無法や理不尽は、官民での反日を印象づける。

だから「日本が憲法改正で交戦権を持つと、アジアの平和を壊す」という悪い冗談のような韓国側の表面の主張から透けてみえるのは、日本の防衛能力、軍事力の封じこめである。

憲法九条がある限り、日本はたとえ自国の領土を守るためでも、普通の国のようには戦えない。これこそ韓国の狙いである。憲法九条で軍事力の行使を抑えられた日本は、自国領土の竹島を奪回するためでも、戦闘はできないのだ。

その日本がもし憲法九条を改正し、自衛隊や自衛軍の戦闘が可能になれば、当然、竹島の奪回作戦というシナリオも現実味を帯びてくる。韓国としては、なんとも防ぎたい事態である。

なんのことはない。韓国側は官民が一体となって、ノーベル平和賞を悪用して、日本を自国の防衛のできない半国家のままに保ち、**日本の領土である竹島の軍事占領を恒久化**するという狙いなのである。

第五章

米韓関係は破局なのか

ある。

トランプが文在寅に貼った「宥和」のレッテル

トランプ大統領はどうみても文在寅大統領を好きではないようだ――。

いまの米韓両国の政府対政府の関係をみると、どうしてもこうした実態が浮かびあがってくる。

ここで米韓関係はいま政府対政府ではどんな状態にあるのかを考察してみよう。

トランプ政権と文在寅政権との関係はどうなっているのか、という表現に変えてもよい。

米韓関係にも、むろん本音と建前の両方がある。

一方はアメリカ合衆国、他方は大韓民国と、ともに独立した主権国家同士だから、たがいに法律や規則、とくに外交上でのプロトコール（儀礼）をきちんと守っての公式な二国間関係が厳存する。米韓関係の建前部分と呼んでよいだろう。

その一方、アメリカと韓国の間の関係には非公式な領域も巨大に広がる。人間と人間のつながりがその中心だろう。おたがいに文句をぶつけあい、あるいは手を握り、肩を組みあいというつながりがある。

これまで述べてきたようにアメリカと韓国はたがいに同盟国であり、友好国である。緊密な絆を保った部分も多い。だが、くい違いやギャップもある。

トランプ政権と文政権とでは物事の価値観、グローバルな世界観、国内政策での政治観など、いろいろな違いが当然あるだろう。

他方、いかに水面下で相違があっても、それを隠し、表面では常に強調しておかねばならない公式の建前部分もある。同盟国同士としての相互の防衛協力や対外戦略の核心部分での一致などが、まずその実例だろう。

公式には両国は相手の悪口を述べたりはしない。いずれの国にとっても相手国との堅実で安定した二国間関係を保っている立場の表明は重要である。

公式の枠組みは重要なのだ。だから建前も大切となる。両国間に現実にはいろいろと摩擦や不一致があっても、それらをなかなか表面には出さないようにする。

だがそれでもなお、じつはいまの米韓両国の大統領同士はたがいに好感を抱きあっているわけではない、という本音の実態がもれ、浮かぶのである。トランプ、文両首脳の個人的な関係がとくにそうだろう。

トランプ氏の文在寅氏に対する本音の態度を示す実例をあげてみよう。

まず第一はトランプ大統領が二〇一七年九月三日に発信したツイッターの内容である。

この日は北朝鮮の核爆発が伝えられた。第六回目、いまのところ最後の核兵器実験だった。

北朝鮮の核兵器開発への動きが全世界を揺さぶった日でもあった。もちろん韓国やアメリカにとって重大な展開である。

この日にトランプ大統領は次のようなツイッター発信をしたのだった。

「韓国側は私がすでに告げていたように、北朝鮮との宥和は決してうまくいかないことを発見するだろう。北朝鮮が理解するのはただ一つのことだけなのだ」

トランプ氏がここで使った宥和という言葉はAppeasementという英語だった。この言葉は日本語では「融和」とは異なる「宥和」と訳される。

「融和」は「融けてまじわり、和を保つ」という感じの単なる和解を指すのに対して、「宥和」は「大幅に譲歩し、妥協し、相手におもねる」という意味になる。

Appeasementという用語は本来、一九三〇年代、第二次世界大戦の直前にイギリスの当時のチェンバレン首相がドイツのヒトラー総統と会談し、ドイツの軍事拡張に対して、きわめて弱腰の姿勢をみせ、ドイツの侵略行動をも許容する態度に出たことを指して使われた。

それ以後、**不必要で危険な譲歩傾向を評する**のに使用されるようになった言葉だった。

トランプ大統領がこのツイッターで「宥和」のレッテルを貼った相手は文在寅大統領だったのである。

トランプ氏はかねてから文氏の北朝鮮や中国への態度を譲歩のしすぎとして嫌っていたのだ。

その日ごろの批判的な文在寅観がこのツイッターでつい出てしまった、というのがトランプ大統領の側近たちの見方だった。嫌いな相手につい、そんな悪口に近い言葉をぶつけてしまったというのだった。

歴史に残る異常な「二分間」の米韓首脳会談

トランプ大統領が文在寅大統領を好いていないことを示した第二の実例は**「わずか二分だけの首脳会談」**だった。

二〇一九年四月十一日、米韓両首脳はホワイトハウスで会談した。もちろん文大統領が遠路、ワシントンを訪れての首脳会談だった。

この会談は全体として合計二十九分、続いた。ただし両首脳はそれぞれの夫人や側近とともに集まり、報道陣を招き入れて、質問にも答える時間がそのうち二十七分だった。

ということはトランプ、文両首脳が本当に一対一の個別に会った時間はわずかの二分間だったことを意味していた。しかもその二分間には通訳が入っており、二人が直接に交わした会話は実質、一分ほどだった、といってもよかった。

アメリカの大統領はとくにトランプ氏に限らず、きわめて頻繁に他国の大統領、首相と会談する。みな首脳会談である。その核心部分は首脳二人だけの会談であり、厳密には首脳会談といえば、この差しの会談を指す。

この一対一の首脳会談は外交用語で「テタテ会談」と呼ばれる。フランス語のtete-a-tete（「一対一の」、とか、「二人だけの」という意味）という言葉から生まれた表現である。

アメリカ大統領が他国の首脳と会えば、二人だけのこのテタテ会談があくまで最重要となる。だから、その長さがわずか二分などという実例はまずないのである。

この異常性はやはりトランプ大統領の側が文大統領と二人だけになることを嫌ったからだと解釈された。トランプ氏は要するに文氏が嫌いだという観測でもあった。

しかもその後に流れた情報では、この一対一の真の首脳会談でトランプ大統領は文大統領に対して「なにか伝えたいことがあれば、話してください」と、ぶっきらぼうに告げただけだという。

文大統領はそれに対して「近く南北首脳会談を推進します」と答え、トランプ大統領がその時期がいつかと問うと、「わかりません」と文大統領は応じただけだともいう。

要するに真の首脳会談では、なんの実質的な話も出なかったようなのだ。近代外交の歴史でも稀《まれ》な「首脳会談」だったことはまちがいない。

韓国側の外務省や国会では**「歴史に残る屈辱的な首脳会談だった」**という酷評がもっぱらだ

った。

やはりトランプ、文両氏が個人の性格レベルでも合わないということだろう。その背景の米韓両国の北朝鮮などに対する構え方の根本的な違いが両首脳のおたがいの距離感をさらに強めたということでもあろうか。

もっと具体的にいえば、北朝鮮の非核化というトランプ大統領の最大政策目標に対する文大統領のスタンスの違いがその関係の根幹に影響したといえる。

そのあたりを少しくわしく再点検してみよう。

朝鮮半島情勢をめぐっては、このところ韓国の北朝鮮への異様なほどの接近が目立っていた。二〇一八年六月のトランプ・金正恩会談の後のことである。文在寅政権とトランプ政権の間に明白な距離が生まれてきたのだ。

米韓同盟を微妙な形で侵食するこの流れは、金正恩委員長の望むところだろう。文大統領のアメリカ離れともみえる動き自体が、たぶんに金委員長の策謀の結果とも受け取れるのだった。だがそこにそもそもトランプ・文関係の冷たさが作用していたことは確実だった。

トランプ政権がなによりも優先して、北朝鮮の完全な非核化を求めるという政策は揺らいではいなかった。しかも、その政策の内容は「完全で検証可能、不可逆的な非核化」、つまりCVID方式による核兵器の完全破棄の要求だった。

この点、反トランプのアメリカの大手メディアはその政策が揺らいだり、崩れたりしているという報道を重ねるが、その確実な証拠はなにもない。トランプ政権は公式にも、非公式にも、北朝鮮の完全非核化の目標の堅持を宣言し続けているのだ。

だが北朝鮮は完全な非核化を実現するための明確、かつ決定的な行動はまだみせていない。とはいえ少なくとも新たな核兵器の開発や実験を断行する構えは示していない。アメリカが懸念する長距離弾道ミサイルの開発をまた始めるという気配もない。

しかし北朝鮮は従来の核やミサイルの戦力、そして年来、韓国への全面攻撃を可能にする通常戦力面での臨戦態勢を基本的には変えていない。だからアメリカからみれば、北朝鮮の軍事脅威は潜在的には変わっていないのだ。

北朝鮮は短距離弾道ミサイルの発射を何度も繰り返した。日本にも届く射程だから、日本側にとっての脅威は重大である。

だがトランプ大統領は短距離ミサイル発射には抗議しない。その一方、北朝鮮がなんとか解除を望む厳しい経済制裁は少しも緩めていないのである。

文大統領も表面ではアメリカの認識に同意している。米韓同盟の重要性や在韓米軍の効用をも言葉のうえでは、ないがしろにしていない。ところが実際の行動ではアメリカの脅威認識に背を向け、北の脅威を脅威とみないような具体的な動きを次々にとっているのだ。文政権の北朝鮮との宥和は軍事と経済の両面にわたる。アメリカにとっては背信行為とも映りかねない動きである。

軍事面では、韓国が北朝鮮との軍事境界線近くの上空を飛行禁止空域にしたことがその代表例だった。二〇一八年十一月に発効したこの飛行禁止は米軍が反対していた。空軍力では圧倒的に勝る米韓軍が有事に備え、この空域で平時に飛行訓練をしてきたからだった。

韓国はさらに軍事境界線近くの南北両軍の監視所を撤去することにも同意してしまった。北朝鮮の軍事脅威がもうなくなったという認識を示すような措置だった。トランプ政権の認識とは反対である。

経済面では、文政権は北朝鮮との南北共通の鉄道やパイプラインの開通計画に着手し始めた。韓国の主要企業の北朝鮮への投資を論じ始めることをも奨励するようになった。

いずれもアメリカからみれば、文在寅大統領が米側の年来、求める北朝鮮の核兵器完全破棄という目標へ直接に進まないまま、北朝鮮が切望する韓国との軍事緊張緩和、経済交流開始ばかりを進めてしまうような危険な動きだった。

暗い米韓同盟の将来

韓国のこうした動きに対してついにアメリカ政府から正式に抗議の意が表明された。トランプ政権のマイク・ポンペオ国務長官が一八年十一月二十日の記者会見で韓国政府への警告を発したのだった。

「アメリカ政府は北朝鮮が韓国との関係改善による恩恵を核兵器破棄のための代償を十分に払わないまま、享受し始めたことに対して懸念を抱いている」

「アメリカ政府は韓国に対して朝鮮半島の平和と北朝鮮の非核化が南北朝鮮の接近に遅れないことを再三、念を押し、求めている」

「アメリカは北朝鮮の対韓関係改善による経済利益の取得と完全核破棄への前進とが同時に併行して進むことが欠かせないと考え、韓国側にそう告げている」

要するに韓国に対して、「北朝鮮が非核化を実行していないのに経済利益や軍事利益を与えるような措置をとるな」と通告したのである。

きわめて**手厳しい表現に満ちた言明**だった。長年、韓国に自国の軍隊を駐留させ、北朝鮮の軍事脅威への抑止を発揮してきたアメリカならではの強硬な警告だったともいえよう。

このポンペオ長官の言明はアメリカ側の同盟国に対する非難としては異例なほど強かった。その言明がトランプ大統領の思考や感情を反映していたことは明白である。

トランプ政権は同盟国の韓国の文在寅政権に対して、これほど激しい不満を抱いているということなのである。**米韓同盟のひずみ、くい違い、亀裂**だとさえいえよう。

ポンペオ国務長官は二〇一八年八月、腹心のスティーブ・ビーガン氏を北朝鮮担当の特使に任命していた。

ビーガン氏は同年十月にポンペオ長官とともに北朝鮮を訪問したが、その後は北朝鮮側と接触することには、しばらく成功しなかった。北朝鮮が連絡のための手を伸ばしてこないのだ。その間、北朝鮮は韓国とは頻繁に接触していた。

北朝鮮のこうした態度には米韓離反の意図がちらほらしていた。金正恩政権は韓国との融和的な措置ばかりを大幅にとりながらも、核廃棄を進めるための措置はとらないという使い分けの作戦をみせていたのだ。

ただし金委員長はその後、文政権に対して冷たい言動をもみせるようになった。それでもなお文大統領は北朝鮮へのソフトな態度を変えていない。トランプ大統領との距離もとくに縮めようとする努力もみせていない。

こうした文政権に対して、アメリカの保守系安保研究機関「新アメリカ安全保障センター」

の朝鮮問題専門家クリスティーン・リー氏が「文大統領の陣営には北朝鮮への認識に関してとてつもない楽観主義を持つ要人たちが多く、北朝鮮の核完全破棄の実現を最重視しない点でトランプ政権とは重大な距離がある」と論評した。

とにかく文大統領自身も同盟国のアメリカよりも、まだ潜在敵のはずの北朝鮮との和解や宥和のための行動ばかりをとっている感じなのである。

そうした動きの背後には、トランプ保守政権と文在寅リベラル政権との基本的な世界観のズレまでが影を広げているようにもみえる。その米韓両国のズレには韓国政府の日本に対する情緒的な態度への対応までが含まれているようだ。

韓国の元徴用工とされる人たちへの補償についての韓国側裁判所の判決に対しても、アメリカの専門家の間では、韓国の無法ぶりを非難する声が圧倒的に多かったこともその例証だろう。

韓国が日本に対し慰安婦問題での外相合意を反故にしたこともアメリカ側では「情緒的な未成熟民主主義」（外交雑誌『フォーリン・ポリシー』のエリアス・グロル記者）と酷評する向きまであった。

だが、日本にかかわる問題をまったく別にしても、米韓両国政府の間には以上のような大きな**足並みの乱れ**があるのである。その乱れはトランプ、文両首脳の政治理念の違いをも反映し、米韓同盟の将来に暗い影を投げているといえよう。

ワシントンと東京の共通項となった「韓国疲れ」

いまのアメリカには**「韓国疲れ」**という現象までが起きている。Korea fatigue と呼ばれる傾向である。日本からの伝染とも評される現象だった。

「韓国にはもう、うんざり」、「韓国よ、ほどほどにせよ」、「韓国とはとてもつきあえない」——。日本にはこんな反応が満ち満ちている。日本の政府の次元でも、国民の段階でも、韓国よ、いい加減にしろ！　という感情や主張が高まっているのだ。

その理由はいうまでもなく、韓国側の日本に対する傍若無人な言動である。無法で理不尽で傲慢《ごうまん》な態度である。

慰安婦問題からいわゆる徴用工問題、レーダー照射事件と、とにかく日本に対して、これでもか、これでもかと、後足で砂をかけるような乱暴な言動をとる。

日本側では当然、もう韓国はいやだ、という空気が満ちる。嫌韓と呼んでも、排韓と呼んでもよいだろう。そしてその基盤には韓国とのやりとりには、もう疲れ果てた、という疲労感がある。

この「韓国疲れ」はじつは日本だけではない。いまやトランプ政権下のアメリカでも、「韓国はうんざり」という疲労感がじわじわと広がってきたのである。**「韓国疲れ」がワシントンと東京の共通項**になってきたようなのだ。

ワシントンの国政の場では、このところ韓国への不満やいらだちが目にみえて高まってきた。文在寅大統領と、その側近たちのアメリカに同調するような、しないような、曖昧な、だますような態度へのいらいらが激しくなったことはすでに十二分に報告してきた。

だが日本にくらべて、アメリカは北朝鮮の核兵器完全廃棄という大目標のために韓国との連帯を固くしておかねばならない。少なくとも表面、しっかりと団結しているような姿勢を保っておかねばならない。でなければ北朝鮮と、その背後にいる中国を喜ばすことになってしまう。

とはいえ肝心の韓国はトランプ政権に同調するような様子をみせながら、その一方で反対の方向に向かっての歩みをとるようにもみえる。だからアメリカ側のいらいらはさらに高まる、というわけだ。

トランプ政権は韓国との関係を決定的に悪くしてしまうような態度はとれない。韓国への不満がいくら激しくなっても、爆発はさせられないのだ。だがそれでもトランプ政権の本音がはっきりとみえる瞬間もあった。

それが前述のマイク・ポンペオ国務長官の言明だったのだ。

米韓両国のこうしたギャップは微妙な形で米韓同盟のあり方にまで及んでいる。アメリカ側では前述のとおり、トランプ政権も民主党も北朝鮮の非核化という切迫した課題への対処のためにも、米韓同盟をすぐに縮小あるいは解消するべきだという意見は表面には出ていない。トランプ大統領自身、米韓同盟の縮小などこれまで計画したことはまったくないと明言していた。

米韓同盟の維持という基本には揺らぎはないのだといえる。だがアメリカは民主主義国だから、同盟についてもその同盟の相手がもう絆を切りたいと通告してくれば、応じることになるだろう。

韓国側では文在寅大統領の側近から「米韓同盟のやがての解消」に近い主張がときおり表明されるのだ。

文大統領の外交・安保特別補佐官の文正仁《ムンジョンイン》氏（延世大学教授）が二〇一八年五月、アメリカの大手紙ウォールストリート・ジャーナル記者に**「米韓同盟は長期的には解消すべきかもしれない」**と発言した。その言葉が大きな記事となった。

文政権に近い左系のオンラインマガジン「韓国Ｅｘｐｏｓé」の発行人クム・セウン氏も一八年十一月、ニューヨーク・タイムズに米韓同盟解消の勧めを論文として寄稿した。こうした韓国側からの発信は当然、トランプ政権だけでなく、議会の超党派の東アジア政策現状維持派をいらいらさせる。

一九年に入ってからも一月にポンペオ国務長官が「北朝鮮の完全非核化の最終目標はアメリカ国民の安全だ」と言明したことに対して、韓国の有力紙の中央日報が社説で、「韓国など同盟国の国民の安全をないがしろにする勝手な主張だ」として非難した。

要するにいまの文政権下の韓国はアメリカにとってなんともつきあいにくく、疲れる相手なのである。だがトランプ政権の現状では、正面からの文政権非難や米韓同盟への疑問を表明することはなかなかできない。そんな屈折した事情が「韓国疲れ」をさらに深めることとなる。

韓国嫌いはオバマ政権のときから始まっていた

そもそも「韓国疲れ」という表現をアメリカ側で最初に使ったのは一五年、韓国の釜山国立大学の教授のロバート・ケリー氏だった。ケリー氏については、本書の第四章でも韓国側の反日の深層への彼の分析を紹介した。

そのケリー氏がオーストラリアの外交雑誌「インタープリター」などに「アメリカも日本と同様に『韓国疲れ』にかかっているのか？」と題する論文を発表した。

アメリカ人政治学者のケリー氏は同論文のなかで「韓国疲れ」を**「韓国が日本側に戦時の問題に関して、果てしのない謝罪を要求することにもう疲れ切ったという日本の状態」**と特徴づけていた。

そのうえで同氏は「この韓国の絶え間のない要求や攻撃に、もう疲れきったという日本の状態がアメリカに伝播《でんぱ》した。アメリカは韓国と日本の間に未来志向の協力を切望しているからだ」とも書いていた。「韓国疲れ」のアメリカへの伝染を指摘していたのだ。

二〇一五年当時は韓国は朴槿恵政権、アメリカはオバマ政権だった。オバマ政権は北朝鮮の核武装などへの対応には、日韓両国が歩調を合わせてのアメリカへの協力が欠かせないと主張していた。この点はいまのトランプ政権と同じだったのだ。

ただしアメリカ側は長年にわたり、歴代の政権も議会も日韓両国の歴史認識をめぐる争いに対して韓国側により多くの賛同を示すことが多かった。〇七年七月に連邦議会下院が慰安婦問題で日本政府を糾弾する決議を採択したことが、そのわかりやすい例証だった。

ところが、この潮流がオバマ政権の後半の時期から変わってきた。いまのトランプ政権下での状況もその新潮流の反映という側面もあるといえそうなのである。

韓国の朴槿恵前大統領は一三年二月の就任当初から日本に対し、「慰安婦問題で誠意のある態度をみせない限り、安倍首相とは会談しない」と宣言した。そして、そのかたくなな態度を三年以上も通した。歴史問題を武器に反日の旗を振りかざす偏狭な姿勢だった。

オバマ政権はこれに対して二〇一五年に入って、はっきりと反対を示すようになった。中国や北朝鮮の脅威への対処に米日韓三国の安全保障面での結束がこれまで以上に不可欠になったため、という理由だった。だがその背後には、韓国側の日本叩きが明らかに過剰になったという判断があった。

このオバマ政権時代の二〇一五年ごろのアメリカ側の「韓国疲れ」は私自身もワシントンにいて、十分に目撃していた。当時のアメリカでの韓国に対するネガティブな傾向は、日本のそれよりは**複雑かつ屈折**していたことも、よくわかった。

うんざりという態度を直線的には示せないところに、その複雑さがあったのだ。

一五年当時、アメリカ政府内外の日本や韓国など東アジア政策関係者がまず日本での「韓国疲れ」を指摘するようになった。

その筆頭は二代目ブッシュ政権の国家安全保障会議でアジア部長などを務めたビクター・チャ氏だった。「日本では官民ともに『韓国疲れ』が広がり、韓国に対してはもうなにをしても意味がないというあきらめになりつつある」と指摘した。

チャ氏は韓国系アメリカ人だが、**韓国の日本叩きを婉曲《えんきょく》に批判**する形での発言だった。彼が口にした「韓国疲れ」という表現自体は前述のケリー氏の論文に触発されて、使ったようだった。

同様に二代目ブッシュ政権の国家安全保障会議で日本部長だったマイケル・グリーン氏や国

務副長官を務めたリチャード・アーミテージ氏も「日本側ではもう韓国の非難にうんざりしている」といった表現で、日本での「韓国疲れ」という観察に同意を示していた。

オバマ政権でもウェンディ・シャーマン国務次官が一五年一月に韓国を訪問し、二月末のワシントンでの演説で日韓両国間での歴史問題をめぐる摩擦について日本側を非難せず、韓国側の民族感情の高まりなどを批判した。

その結果、オバマ政権全体でも韓国の対日姿勢には満足していないという構図がはっきりと浮かびあがった。

シャーマン次官は「韓国の歴史問題への執着はアメリカにとって不満であり、(日韓関係などでの)麻痺《まひ》を生むだけで、前進を生むことがない」とまで公開の場で発言した。まさに「アメリカの韓国疲れ」と呼ぶにふさわしい言葉だった。

オバマ政権は一五年春の当時、中国による南シナ海での無法な埋め立て作業など海洋での覇権拡大に対し、従来の対中姿勢を硬化させ、同盟国である日本や韓国との安全保障上の絆を再強化しようとする基本戦略をも明らかにしていた。それまでの対中政策をついに改めるかもしれない流れをにじませていたのだった。

オバマ政権は、その場合に韓国と日本が歴史問題を理由に対立を続けていることは対中戦略上でも大きなマイナスになると判断し、懸念した。

とくに海洋の軍事面での中国との対立では、海の戦力の強固な日本との連携がより重要となる。

一五年四月末の安倍晋三首相の訪米とその議会演説などで、この面での日米連携は実際に大幅に強化されたといえる。

だからこそなおさら、その状況下で韓国が日本を叩き続けるという構図はオバマ政権にとっても好ましくなかったわけだ。

オバマ政権はそれまで慰安婦など歴史認識問題では、韓国よりも日本の態度が不当だとする立場をちらつかせてきた。だが、その段階で「非は韓国にあり」という認識へと傾いたようだった。

一五年十月に訪米した朴大統領はオバマ政権側から日本叩きの抑制を強く求められ、それまでの反日姿勢を和らげて安倍首相との会談に同意した。オバマ政権でさえも韓国の反日傾向は、あまりにひどすぎるという判断を下したわけである。

二〇一五年のケリー論文は以上のような諸点にも触れながら、アメリカ側の認識が韓国にとって不利になってきたことを強調していた。

米国の嫌韓感情に慌てる韓国

そのケリー論文は、アメリカ側の一五年の時点での韓国への批判の高まりをオバマ政権の前述のような対中政策の変更、さらには日本との同盟の再重視にも明確に帰していたのだった。この点でケリー論文は当時の認識としては、きわめて洞察の深い、的確な内容だったといえる。その指摘は一九年末の現在の状況にも当てはまる、まったく的を射た考察だといえそうである。

ケリー氏の指摘は以下のようだった。

「中国の南シナ海での膨張などにより、オバマ政権の中国の『平和的台頭』への信奉の時代は完全に終わり、中国との対立が顕著となった。その場合にアメリカのアジアでの安全保障上のカナメとなる日本の役割は決定的に重要となる。日本はアメリカのアジアでの中国に対する防衛努力の防波堤となるのだ。アメリカのその努力は韓国の安全保障をも含んでいるのだ」

だからアメリカがいまや最も頼りにする日本を、遠い過去の案件だけを理由に叩き続けることはオバマ政権にとっても困る、というわけだった。

ケリー論文は、さらにアメリカ側が日韓両国間の歴史問題摩擦で韓国への支持を減らしてきた現実の背景として、韓国の対日態度の欠陥を以下のように指摘していた。

「韓国側は歴史問題で一貫して日本に国家や国民全体が一枚岩のようになっての謝罪を求めてきた。その謝罪は日本国内の誰もが賛成し、揺るがないようにすることを韓国側は期待する。だがそんなことは日本のような開かれた言論や思想の自由な国では不可能に近い」

「私（ケリー氏）自身も日本の歴史認識には批判を感じるところがあるが、日本側に真の反省や謝罪を期待するために外部から（これまでの韓国のように）圧力をかけても、うまくはいかない。日本人自身がそうした反省を抱くようにならない限り、外部圧力は日本側の民族主義的な反発を強めるだけとなる」

韓国がそれでもなお日本側に戦争や朝鮮半島併合にからむ謝罪を要求し続ければ、日本側に「韓国疲れ」が出てくるのは当然だということだろう。

ケリー論文は、そんな韓国側の反応をも以下のように記していた。

「韓国の与党のセヌリ党の代表はシャーマン次官の発言に対して『アメリカが歴史問題での被害者の立場を無視するならば、もう世界の警察官としての影響力をも失うことになる。アメリカが韓国の歴史問題への関心をなくすならば、アメリカの国際的な覇権がなくなることにもなる』と反撃していた。だがこうした態度こそがアメリカ側に『韓国疲れ』を感じさせる原因なのだ」

つい、なるほど、なるほどと、うなずきたくなる指摘である。

ケリー論文はさらに韓国側一般でも、これまでの反日一辺倒の対外政策への反省が出てきたことを次のように指摘していた。その反省がアメリカでの「韓国疲れ」への対策にもなる、というわけだ。

「韓国のハンギョレ新聞の社説がこれまでの韓国でならば、まず考えられない政策提言をしていた。『韓国はもう対日政策を戦争時のレンズだけで定義づけることをやめるべきだ』という提言だった。やはりいまのアメリカの韓国に対する批判を重くみての反応だろう」

なんといっても韓国にとって最重要な国は同盟国のアメリカである。在韓米軍の抑止力によって韓国の国家安全保障を長年、支えてきたのがアメリカなのだ。

そのアメリカでオバマ政権時代の二〇一五年ごろから明らかな「韓国疲れ」が生まれていたのである。そんな状況に対して朴槿恵政権下の韓国側もさすがに深刻に考えて、態度を一応は変えたのだった。このあたりの**歴史の流れは重要**である。

オバマ政権のこうした韓国の反日態度への批判は基調としてトランプ政権へと続き、さらに強くなったわけである。韓国側では文在寅大統領の登場で日本叩きはまた数段と激しくなったのだから、アメリカ側の韓国への反発が激しくなったのも自然な傾向だともいえよう。

トランプ政権はそのうえに文大統領の北朝鮮への宥和姿勢に険しい態度で反応し、中国の膨張に対してはオバマ政権よりずっと強固な政策で対決するようになったのだ。日本の協力、そして日韓両国のある程度の結束は、ますますアメリカの対アジア政策にとって必要となったわけである。

トランプ政権は北朝鮮の完全非核化の実現のために、まず韓国との堅固な連帯を必要としている。だが文在寅大統領は非核化よりも北朝鮮との軍事緩和や経済交流を優先させるような言動を頻繁にとる。こうした点へのトランプ政権側の不満は高まる一方である。アメリカ議会の多数派の反発をも増す。

要するにいまの文政権下の韓国は、アメリカにとってなんともつきあいにくく疲れる相手なのである。だから四年も前のオバマ政権時代に語られたアメリカでの「韓国疲れ」は二〇一九年のトランプ政権でもまた形を変えて、広がってきたといえるのだ。

この「韓国疲れ」がトランプ政権にとって北朝鮮の完全非核化という大目標実現のうえでは厄介な障害となることはいうまでもない。

こうみてくると、トランプ政権の日韓両国それぞれに対する認識の相違も明確となる。

トランプ政権はいま展開される日韓両国の衝突では、その非はやはり韓国側にあるとみているということである。この基本姿勢はトランプ政権が日米同盟と米韓同盟とにそれぞれかける比重の大きさをくらべても明らかだといえる。日米同盟を疑いなく、より重視するのである。

だがそれでもなおトランプ政権にとっての韓国との安全保障上の絆は重視せざるをえない。その理由はすでに述べたように、目前の要因としては北朝鮮の非核化であり、中期、長期には中国の脅威である。だから日韓の対立であえて軍配を日本側にあげることも、ためらうこととなる。**いま韓国を明白に離反させることはできない**からである。

日米関係優先で許されなくなった韓国の反日

ここで、この章の主題のアメリカ政府と韓国政府との関係自体に話をもどそう。

それぞれの政府のトップであるトランプ大統領と文大統領が異なる意見を持ち、異なる性格を有し、おたがいに好意を感じない、という事実はまず否定のしようがない。

とくにトランプ大統領が文大統領を忌避する傾向は顕著だといえよう。要するに世界観の相違に始まり、社会観、人生観が異なるといってもよいだろう。だからこんごも米韓両首脳が個人レベルでも親密なつながりをつくろうという意思も展望もないといえよう。

トランプ政権と文在寅政権の関係も決して良好ではない。北朝鮮の非核化とか中国への抑止という基本政策でも思考が異なることも明白である。その意味ではトランプ政権は文政権との本当に同盟国同士らしい緊密なつながりを築くことは**もうあきらめた**観さえある。首脳個人の信頼関係は無理だろうというのと同じである。

トランプ大統領と文在寅大統領との距離、アメリカ政府と韓国政府の断層をはっきりと画したのは、やはり文政権による日韓両国間の軍事情報包括保護協定（ＧＳＯＭＩＡ）の破棄の措置である。文政権は二〇一九年八月、日本政府とのこの協定の更新を止めることを突然、発表した。アメリカ政府も日本政府も予測しない動きだった。

本書の第一章でも詳述したように、この協定は日本と韓国がいずれもアメリカの同盟国という立場を踏まえて、相互に軍事情報をシェアしあうという取り決めだった。しかも二〇一六年にできたばかりの協定だった。協定は一年ごとに自動更新されることとなっていたが、文政権はそれを拒否したのだった。

この措置の影響は日本政府よりも、むしろアメリカ政府にとって大きかったといえるだろう。アメリカ側はこの協定をアメリカ・日本・韓国の安全保障協力の象徴とみなしていたからだった。実質上も日韓の安保情報の共有の意味は大きかった。

トランプ政権にとって、韓国のこの態度は**まさに背信行為**だった。トランプ政権は複数の高官たちが文政権に対して、直接にこのＧＳＯＭＩＡの更新をはっきりと要請していた。文政権は平然と、その要請を蹴《け》ったのである。

この文政権の措置はアメリカとの同盟関係において、**「ルビコンを渡った」**と評しても誇張ではないだろう。アメリカ側に深い失望と懸念を生んだのだった。

だからトランプ政権もいまや内心では文政権を相手にせず、次の政権の登場を待つというのが本音であろう。文政権はもうあきらめたということにもなる。

だが何度も述べるように、トランプ政権も文政権との関係を破局にまで追いやることはできない。韓国側では文政権がいつまでも続くわけではないし、次の新政権とはよい関係が生まれるかもしれない。それになにより、アメリカという国家にとって大韓民国という国家との同盟関係は当面、保持することが対外戦略の基本なのである。

トランプ政権も韓国側には文政権の北朝鮮への宥和や中国への叩頭《こうとう》を非難する勢力が健在であることを十分に認識している。いまの文政権が一定期間の突然変異に近い**あだ花だとみる認識**である。文政権と韓国全体とは別個の対象だとする認識だともいえる。

米韓関係の基本のこうしたうねりのなかで日本が占める重要な位置も、これまで説明してきたとおりである。トランプ政権、あるいはオバマ前政権をはじめとするアメリカの歴代政権にとって韓国と同様に、いやいまや韓国以上に、日本は重要な同盟パートナーなのだ。

この対日同盟がなくなったり、崩れたりすれば、アメリカの東アジア、さらにはいま流行の地域の名称を使うならば、インド太平洋地域全体への政策が根幹から変わってくる。日本との絆は、当面のアメリカの対外戦略では不可欠なのである。

この点、アメリカにとっての韓国の存在はやや異なる。オバマ政権でもトランプ政権でも韓国への態度を冷却へと向けたのは、韓国の日本の扱い方がたぶんに大きな原因となっていた。アメリカにとって、韓国の日本軽視や日本叩きには許容限度があるということである。

韓国が日本を叩きすぎれば、アメリカは韓国とはより多くの距離をおくようになる。こんな因果関係が存在するのだ。そのカナメとなるのはアメリカ側の日本重視である。

だからアメリカと韓国との関係の状況には、日本が大きな要因となっているわけである。日韓関係の変遷でアメリカの対韓政策が動き、米韓関係までもが大きな影響を受けるということなのだ。

第六章

日米韓関係、その屈折した歴史

アメリカが主導した戦後の韓国

いまや新たな国際変動の要因ともなってきた米韓関係は、これまでの絆の重さと長さを無視することはできない。

アメリカと韓国と、その波乱含みの関係のこんごの行方を占うにも、両国のこれまでのかかわりあいを知ることが欠かせないだろう。

韓国、つまり大韓民国は第二次大戦の直後のその誕生から、アメリカという国によって全面的に支えられていた。日本の統治を離れた朝鮮半島の南半分はまず米軍に占領され、統治された。北半分はソ連が占領した。

その南半分が一九四八年八月に大韓民国として独立した。当然、アメリカが主導しての展開だった。大韓民国の初代大統領の李承晩氏も、アメリカで長い歳月を過ごしてきた人物だった。

一九五〇年六月に北朝鮮の大部隊が韓国に奇襲攻撃をかけたことから始まった朝鮮戦争でも、韓国はアメリカに救われた。弱体だった韓国軍はあっというまに首都のソウルを奪われ、南部の釜山近くまで追い落とされた。**韓国消滅に近い危機**だった。

その苦境を救ったのはアメリカだった。日本からの駐留部隊を主体とするマッカーサー司令

朝鮮戦争で逃げまどう少女

官の指揮下のアメリカ軍部隊は、南下を続ける北朝鮮軍の主力の背後に上陸するという大胆な仁川《インチョン》上陸作戦によって戦況を逆転させた。文字どおり韓国を救ったのだった。

その直後に中国の人民解放軍が突然、介入し、韓国をまた危機へと追い込んだ。だがここでも韓国を救ったのはアメリカ軍だった。

北朝鮮の侵略を非難した国連が初めて国連軍を組織して、北朝鮮・中国の連合軍と戦ったのだ。その国連軍の主力は、またもアメリカ軍だった。

アメリカは三年間にわたる朝鮮戦争で三万三千人以上の戦死者を出した。血をもって韓国を救ったのだった。

五三年に朝鮮戦争が休戦を迎えてからはアメリカは韓国との軍事同盟に基づき、韓国内に数万人規模の軍隊を駐留させてきた。韓国側は北朝鮮の軍事脅威に備えて、この米軍の存在に大幅に頼ってきた。

だから韓国にとってアメリカとの絆は建国当初から超重要、不可欠だったのである。国家全体としてのアメリカへの依存だった。

韓国では国民レベルでもアメリカへの好感度は高く、アメリカへの移住希望が絶えなかった。二〇一九年の現在でも、韓国からアメリカへの正規の移民はまだ続いている。

その結果、アメリカ全土で合計百八十万人とされる韓国系アメリカ人や、半永住の韓国人たちが在住するようになった。

韓国系アメリカ人はもう二世、三世という時代になり、アメリカの実業や政治、学界などで活躍する人物も多くなった。彼らの多くはアメリカ生まれのアメリカ国籍となった。

このため、アメリカの選挙でも投票できるから韓国系アメリカ人たちは政治的な影響力をも発揮できるようになった。

アメリカと韓国との間には、このように強固な結びつきの歴史が存在するのである。

在韓米軍撤退を公約したカーター大統領

私もワシントンでの長年の新聞記者活動のなかで、「韓国」や「朝鮮半島」というテーマを扱うことは多かった。

いま改めてふり返ってみると、ワシントンに初めて赴任して、真剣に追わねばならなかった初めての主要テーマが米韓関係だった。

思えば私が日米韓三国関係の複雑な構造に初めて接したのは、ちょうど、そのときだった。一九七七年だからもう四十二年も前である。首都ワシントンで毎日新聞特派員として在韓米軍撤退問題の取材を始めたときだった。

七七年一月に登場した民主党のジミー・カーター大統領は、朝鮮戦争以来の米韓同盟の支柱だった在韓米地上軍の撤退を選挙公約としていた。

カーター氏はベトナム後遺症のなかで誕生した大統領だった。ベトナム戦争の苦い体験から、アメリカ国内では外国への軍事関与自体にきわめて慎重な態度が広がっていた。米軍の海外駐留にも批判的な世論が高まったのだ。

そんな政治ムードのなかで戦われた七六年の大統領選挙では、カーター氏は反ワシントンの旗を掲げる民主党のリベラル派として、海外へのアメリカの軍事関与全体に警鐘を鳴らした。そして韓国に長年、駐在してきた米軍の存在にも批判の目を向けたのだった。

カーター氏はその結果、選挙キャンペーン中に在韓米軍合計四万一千のうち三万二千を占める地上軍の撤退を公約として掲げた。北朝鮮の軍事脅威を考えた場合、米韓同盟に基づき、韓国防衛の最大の支柱となってきた在韓米軍の地上部隊を引きあげてしまうというのは、アメリカの対アジア政策全体のなかでも重大な変更だった。

この地上部隊は具体的には米陸軍第二歩兵師団約一万四千人が主体だった。同師団には兵站《へいたん》や支援の各種部隊が行動をともにしており、いざ撤退となると、合計三万二千という人数に達するとされていた。

カーター氏の公約はこの地上部隊を五年以内に全面撤退させ、残る在韓米軍は空軍だけにするという案だった。

その理由は万が一、北朝鮮軍が韓国を侵攻した場合、米地上軍は自動的に戦闘に巻き込まれ、アメリカ自体が全面介入を迫られるため、地上軍を引き揚げて、選択の余地を残そうという趣旨だった。

カーター氏は現職の共和党ジェラルド・フォード大統領を破って当選してしまった。そして七七年一月にホワイトハウス入りすると、本当に在韓米地上軍の撤退を実行する構えをみせ始めた。なにしろ選挙公約だったのだ。

このアメリカ側の動きに対して、韓国の当時の朴正煕《パクチョンヒ》政権は激しい反対を表明した。周知のように朴正煕大統領はそれから四十年ほど後に、民間のデモからの抗議運動で大統領の座を追われ、刑事訴追の対象となった朴槿恵前大統領の父である。

当時の韓国では軍事独裁の朴正煕政権への反発も強かった。反米の動きも幅広かった。在韓米軍の存在自体に反対する勢力も根強いようにみえた。だからカーター大統領の撤退公約にも、もしかするとそれほどの抵抗はないかもしれない、という見方もあった。

ところが実際は大違いだった。

カーター政権の在韓米地上軍の撤退計画には韓国側の官民いずれからも、ものすごい反対がわき起こったのである。とくに朴政権はパニックに襲われたようだった。なんとかアメリカの政府や議会に働きかけて、この撤退案をひっくり返そうと必死になった。

当時の韓国にとってやはりアメリカとの同盟、つまり韓国領内に駐留するアメリカ軍部隊の存在は致命的な必要性があったのである。

1961年の軍事クーデターで国家再建最高会議議長に就任し、1963年から1979年まで大統領だった朴正煕

アメリカが本気になると豹変する韓国の対米姿勢

このときのワシントンでの取材で私は韓国側のいわゆる反米姿勢もいざ在韓米軍撤退などという可能性が現実味を帯びると、**一気にアメリカへの態度を変える**ことを知った。

韓国の対米姿勢の明暗が矛盾のように錯綜《さくそう》するという米韓関係の実態をも初めて実感させられた。韓国一般のアメリカへの姿勢には表と裏、光と影があるという実態だと感じた。

七七年、当時の韓国の朴政権はアメリカ側の政府や議会に対するアピールを必死になって始めた。韓国中央情報部（ＫＣＩＡ）の秘密工作員をも使って、アメリカの政府や議会に対するロビー工作をも開始させた。在韓米軍地上軍の撤退を絶対に阻むという目的の工作だった。

ＫＣＩＡはとくにアメリカ議会に対しては「在韓米地上軍撤退の危険」を説き、特定議員に賄賂《わいろ》までをも提供しようとした。アメリカ議会の議員たちにその撤退計画に反対させようとしたのだ。

そのためには韓国側の工作員が百ドル札を白い封筒に詰めこんで、アメリカ側の議員たちに手渡すという荒っぽいことまでやってのけた。なにしろ韓国側には、対米ロビー活動などという概念も、経験もなかった時代だったのだ。

このＫＣＩＡの対アメリカ工作の中心となったのが朴東宣《パクドンソン》というユニークな人物だった。朴氏の買収工作は、やがてアメリカの議会や司法当局の注意を浴びることとなり、米韓両国間の国際的な不正疑惑として捜査の対象となった。

私は新任のワシントン特派員として、韓国のからむこの買収工作事件を追った。取材ではアメリカ議会の関係者たちが新人の外国人特派員の私にも協力的なのは意外なほどだった。

このころアメリカの政府も議会も内外を問わず、報道陣には現在よりずっとオープンだった。とくに議会が開放的だった。アメリカの民主主義システムは、やはり公正でオープンだと感じさせられた。

外国人記者であっても、少なくとも議会では差別されているような感じはまったくなかった。それに韓国にからむ事件ならば日本への影響も大きいのは当然だったから、全力を尽くして取材をして、一生懸命に報道をした。当時の私は毎日新聞の記者だった。

朴東宣氏はやがてアメリカ議会の特別調査の標的となり、公聴会が開かれて、その証人として喚問された。議員たちからの矢のような質問に答えねばならない破目となった。

そのアメリカ議会の公聴会で朴東宣氏の証言ぶりを初めてみたときは、本当にかっこいい人物だと感嘆した。

アメリカ側からはトンソン・パクと呼ばれていた朴氏は一九七七年のそのころ四十二歳だっ

たが、若々しくみえた。ライトブルーの高価そうな背広をぴったりと身につけ、キラキラ光る純白のシャツに大きな金時計をちらつかせ、議員や調査官たちの厳しい質問をさらり、ひらりとかわしていくのだった。

「アメリカの議員らへの八十五万ドルもの資金の提供は、あなたが韓国政府の代理人だったからでしょう」

「いえいえ、ぜんぶ自分の資金です。アメリカによくある若者の成功物語なんですよ。必死で働いて築いた財です。議員への支払いは孔子の教えのなかで育った私には名誉なのです」

ああいえば、こういう。議員たちの追及を流暢《りゅうちょう》な英語で煙に巻いていくのだ。

韓国生まれの朴氏は少年時代にアメリカに移住し、首都の名門ジョージタウン大学を卒業して、ビジネスで大成功をおさめたという触れ込みだった。

ワシントンの社交界では、スカンジナビア系の美女の恋人とともに議員たちを招いての豪華なパーティー開催で知られていた。

当時の私にとって、韓国から移住してきた人物がアメリカの首都ワシントンで連邦議会の議員たちを社交の場に招き、密接な絆を築いているという実態も驚きだった。

韓国がアメリカとの間にこのような緊密なつながりをも保つようになっている現実も、米韓関係の深さを感じさせた。ただし朴氏のこの活動は違法とされた。

朴氏はワシントンでは**「ナゾの韓国人実業家」**として話題を集めるようになった。だが七七年九月には起訴されて、スタイリッシュな有名人から一気に犯罪者の扱いとなってしまった。ワシントン連邦地裁大陪審は、朴氏をアメリカ連邦議会議員の買収など六つの罪で起訴したのだった。

朴氏本人は民間でのビジネスで成功し、私人としてアメリカ政界の要人たちとの親交を深めただけだと供述していた。だが本人の主張とは対照的に、起訴状は朴氏がじつは韓国中央情報部（ＫＣＩＡ）に雇われ、その諜報組織の金炯旭《キムヒョンウク》、李厚洛《イフラク》という歴代長官の密命を受けて活動したと断じていた。

起訴状によると、朴氏はＫＣＩＡの秘密工作員としてアメリカ議会の意見を韓国に有利にするため、まずリチャード・ハンナ下院議員に十万ドルを贈って協力を得た。モーリス・ユードル下院議員、スパーク・マツナガ上院議員など合計二十三人の現旧議員たちに金品を与えていた。前述のように白い封筒に百ドル札の分厚い束を詰めて議会内で手渡す荒っぽい手法をとった、という。

この大規模な買収事件は当時、ニクソン大統領を辞任に追いこんだウォーターゲート事件をもじって、**コリアゲート**とも呼ばれた。

朴氏の買収工作の最大目的はすでに述べたように、時のジミー・カーター大統領が公約として打ち出した在韓米地上軍の撤退を阻むことだった。撤退案への反対論を強めるために連邦議会の民主、共和両党の議員たちにアピールし、金品を気前よく提供したのだった。

同時に韓国側は朴東宣氏の活動を通じて、アメリカから韓国への軍事援助の増額や朴正熙大統領への米側の議会や政府の支援の拡大をも目指していた。

朴東宣氏は正規のビジネス面では、日本の大手の船会社や商社とも深いつながりがあった。起訴の時点では韓国にもどっており、アメリカと韓国の間には犯罪人引き渡し協定がなかったため、逮捕されることはなかった。韓国政府が朴氏を保護した形となった。

韓国政府としては、国家防衛の根幹となる在韓米軍部隊の引き揚げを阻む秘密工作員だった朴氏をないがしろにはできなかったのだろう。

朴東宣氏の工作がかなり成功したようにもみえたのは、一つにはアメリカ側にカーター大統領の在韓米軍撤退案への反対が広範に存在したからだった。超党派の議員たちから北朝鮮の軍事脅威などを理由に撤退反対が叫ばれた。とくに軍部の反対が激しかった。その反対を一直線に述べたのが在韓米軍参謀長のジョン・シングローブ将軍だった。

シングローブ将軍はソウルでワシントン・ポストの特派員に「米軍地上部隊の撤退は北朝鮮の攻撃を招く」と語り、「米韓両軍の高級将校はみなカーター大統領の撤退計画の賢明さに疑問を投げている」とまで明言した。

温和なカーター大統領もこの言葉の反乱には怒って、シングローブ将軍をすぐ本国に召還し、解任した。後にオバマ大統領が自分のアフガニスタン戦略を批判したマクリスタル米軍司令官を解任したパターンと同様だった。アメリカの文民統制の伝統だった。

カーター大統領は、けっきょく在韓米地上軍の撤退という選挙公約をひっこめてしまった。韓国だけでなくアメリカ側の官民にも反対の声があまりに多かったことが、その理由だった。この点では朴大統領、KCIA、朴東宣氏らの反対活動が功を奏したともいえよう。

ふしぎだった日本政府の対応

一九七九年六月、私はカーター大統領の韓国訪問に同行した。ホワイトハウスの記者団の一員として、だった。カーター大統領が朴大統領とともにソウル市内をオープンカーで行進するのを目前にみた。

ソウルでのカーター・朴正熙首脳会談では北朝鮮の兵力が従来の推定以上に強大だと認定され、在韓アメリカ地上軍の撤退計画は無期限に延期とされた。公式の決定だった。

だがそのほんの四ヵ月後、朴大統領は側近に暗殺された。まるでドラマのような歴代韓国大統領の悲劇的な末路の始まりだった。

しかし、興味を強くひかれたのは、この在韓米軍の撤退是非の論議で最大焦点の一つとなったのは日本の立場だった。

アメリカの議会でも研究所のセミナーでも、韓国からの米地上軍の撤退が日本にどんな影響を及ぼすのかという疑問が繰り返し提起された。

日本はそのアメリカ地上軍の韓国撤退にどう反応するのか。アメリカ側の視線は朝鮮半島よりも日本に対して、より熱く向けられるかの印象さえあった。在韓米軍のあり方についての日本の動向や主張をじっとみつめるというふうなのである。

アメリカはそれほど日米同盟を重視していた、ということだろう。韓国への米軍の前方配備も、その変化が日本の防衛にどんな影響を及ぼすかを、まず予測しておきたいという姿勢のようだった。とくにアメリカ議会では、日本の反応こそ最も重要だから、それを確かめようという声がわき出た。

アメリカ側からは時の福田赳夫政権に向かって質問や疑問が次々にぶつけられた。ところが日本の反応が鈍かった。**奇妙でもあった**。福田政権は「在韓米軍撤退は米韓二国間の問題である」とまず述べて、我関せずとも読める態度をみせたのだ。

だが福田政権は本音としては在韓米地上軍の撤退に反対だった。きわめて強く反対していた。韓国にいる米軍が減ってしまえば、北朝鮮の軍事脅威が拡大し、その悪影響は日本の安全保障にまで及ぶ、という理由だった。

だがふしぎなことに日本政府は決して、このカーター政権の撤退案に明確な意見を述べることがなかった。「在韓米軍問題は米韓二国間の案件」と言明するだけで、沈黙を保ったのだ。これは明らかに建前だった。

日本が本音を語らなかったのは、独特の憲法のために軍事や防衛には明確な発言ができないという理由もあったのだろう。アメリカの軍事政策に日本が見解を表明することは、現在でいうところのポリティカル・インコレクトネス（政治的な不適切）でもあったのだろう。いや、それ以上に日本が韓国の防衛に意見を述べることへの韓国側からの屈折した反発を恐れるという要素もあったように思えた。

とにかく私はこのときの考察で日本は日韓関係あるいは韓国に関して、さらには朝鮮半島の課題について、本音の意見を簡単には語れないという複雑な実態を初めて実感させられたのだった。

同時に日本には自国に明らかに影響する安全保障の課題でも、**透明や直截には決して応じられない体質**があることを私が実地に初めて知ったのは、このころだったのかもしれない。

元KCIA長官の金炯旭との密会

私はこの在韓米軍撤退についての取材を進める過程で韓国中央情報部（KCIA）の元長官の金炯旭《キムヒョンウク》という異色の人物を知った。重要な取材対象でもあった。

一九七七年七月、私は金炯旭氏とスパイ映画の光景のような密会をした。

密会の相手がいったい、どこからどう現れるのか、胸をどきどきさせて待った。ニュージャージー州の緑豊かな一角、ゴルフクラブ脇の路上が指定された地点だった。マンハッタンにも近いとは思えないほど、樹木がうっそうとした早朝の郊外には人も車も影はない。

やがてスパイ映画の007がさっそうと乗るようなベンツのスポーツカーが滑らかに走ってきた。一人ぽつんと立った私の前で急停車すると、運転していた中年の男性がさっと降りてきた。

白いポロシャツの軽装、背は高くないが、胸板が厚く、たくましい。KCIA元長官の金炯旭氏だった。七七年七月十六日のことである。

「さあ、なんでも質問してください」

金氏はごく自然な日本語で話し、ゴルフクラブのレストランに私を招き入れて、インタビューに応じた。

金氏はその一ヵ月ほど前、アメリカ議会下院の公聴会で証言していた。主題はKCIAの対米議会工作だった。

「ナゾの韓国人実業家」とされた朴東宣氏がアメリカ議員多数を豪華に供応し、高額な金品を贈呈していたことについて金氏は「私が長官だった当時のKICAでは朴氏はまちがいなく秘密工作員だった」と証言したのだった。

アメリカ議会下院の公聴会で証言する金炯旭氏

KCIAは朴氏のワシントンでの活動を円滑にするため、「ジョージタウン・クラブ」という社交クラブの開設などに資金面で大きな支援をしたというのだ。
軍人出身の金氏は六一年五月に、韓国で後に大統領となる朴正煕氏らとともに軍事クーデターを起こし、朴氏に重用され、六三年から六九年までKCIA長官を務めた。七一年からは国会議員だった。だが朴氏と不和になり、七三年にはアメリカに亡命した。
このあたりにも韓国とアメリカの独特の結びつきがあったのである。

その金炯旭氏は公聴会では朴大統領の国内政策を激しく批判しながらも、アメリカが韓国への軍事援助を減らし、在韓米地上軍まで引きあげようとすることには明確な反対を述べた。そしてそのアメリカの撤退計画を防ぐための朴政権の対米工作には理解を示したのである。

日韓にとっての米国という存在の巨大さ

金氏はアメリカ議会の同じ公聴会で金大中事件についても爆弾証言をした。

この事件はいうまでもなく韓国の野党指導者の金大中氏が東京の九段のホテル・グランドパレスから韓国人数人に拉致され、ソウルの自宅に運ばれるという奇怪な国際犯罪だった。一九七三年八月の出来事だった。

金炯旭氏は「この事件はＫＣＩＡの当時の李厚洛部長が朴大統領の了承を得て、部下に命令し、実行した」と明言した。

韓国政府の関与は事件直後から疑われたが、同政府は全面否定した。日本政府も歯切れの悪い見解しか述べなかった。だが金元ＫＣＩＡ長官は自分がかつて指揮した諜報機関の犯行だと断言し、実行犯の顔ぶれや拉致の方法までをなまなましく語るのだった。

金証言のこの部分は日本でも大ニュースとして大きく報道された。

金大中拉致事件に抗議する日本の支援者たち

私は金炯旭氏に知人のアメリカ議会関係者を通じて連絡を取り、単独での会見の同意を得たのだった。

金氏はその私のインタビューで、朴政権と日本の自民党の政治家たちや大手商社との裏の絆を最も熱をこめて語った。不正なつながりが日韓関係をゆがめているというのだ。だがその種のつながりに、みずからも明らかに関与していた金氏がいま「暴露」をすることの動機が不可解ではあった。

しかし私が金炯旭氏の言動で改めて痛感したのは日本にとって、そして韓国にとってのアメリカという存在の巨大さと開放ぶりだった。

金大中拉致事件は日本の国家主権にかかわる重大事だった。その真相が当の日本ではまだ不明なうちにアメリカでは議会の活動や証人の発言で根幹が明るみに出てしまうのだ。ロッキード事件も似たパターンだったといえよう。

金大中事件では当時、アメリカ国務省韓国部長だったドナルド・レイナード氏が退官後すぐから大胆な暴露発言を始めていた。金炯旭証言に前後する時期だった。

レイナード氏は議会やメディアに「金大中氏の拉致は朴政権の犯行であり、アメリカ政府はそれを知ってすぐに強い圧力を韓国政府にかけたので、金氏の命が救われたのだ」などと述べたのだった。

朴政権の韓国民弾圧への強い憤慨からの発言だったようだ。これまた韓国にとってのアメリカという国家の重みを感じさせる動きだった。

私は議会近くのレイナード氏のオフィスを頻繁に訪れ、話を聞いた。

なお金炯旭氏は私が会見した二年後、フランス訪問中に消息を絶った。**暗殺された**というのが最有力の説である。

韓国とアメリカの密接な絆を示す在米韓国系市民

しかし私がワシントンでみた朴東宣、金炯旭両氏の活動ぶりは違法な要素を含んでいたにせよ、韓国人のアメリカでの明確な存在感を示していた。韓国とアメリカとの絆の表示でもあった。

朴氏の場合は韓国で生まれ、少年時代にアメリカに移住した。そしてアメリカでの高等教育を受けて、首都ワシントンでその動機は不透明だったにせよ、アメリカの政治家たちを相手に豪華な社交活動を展開していた。韓国出身のアメリカ人と評しても自然なほどのアメリカの産物と化していたのだ。

金氏の場合、韓国の政府の要職にありながら、政変によって身に危険を感じ、アメリカに亡命してきた。明らかに豊かな資金を持って、アメリカに住み、高級住宅地の豪邸に住んでいた。アメリカ側の政府や軍部の幹部たちとも密接な交流があった。

この二人のケースだけでも韓国人たちにとってのアメリカは、成功の機会を求める新天地であり、自国での危険を避けて避難する安全の地であることの証明だったといえよう。米韓両国には密接な絆が歴史的に存在してきたということである。

その絆の例証がアメリカに永住する韓国人、韓国系の人たちだった。二〇一九年末の現時点でも、すでに述べたように全米で合計百八十万人ほどの韓国系住民がいる。

韓国からアメリカへの移住は、朝鮮戦争が終わってすぐの一九五〇年代中ごろから始まった。韓国が戦禍に荒れ、しかも経済も未発展だったことが新天地アメリカへの移住に拍車をかけた。

歴代の韓国政府もアメリカ政府も韓国からの移民や難民を他の多くの国からの移住者よりも歓迎する傾向があった。朝鮮戦争をともに戦った戦友であり、戦争後も北朝鮮の脅威にともに備える同盟国同士だという親近感がその大きな要因だった。

しかも韓国側では歴代政府が自国民のアメリカへの移住を奨励し、歓迎した。一九九〇年代になっても、二〇一〇年代になっても、韓国からのアメリカへの移民は続いてきたのだ。この点が日本とは大違いだった。

アメリカには日系アメリカ人も百数十万がいるが、その圧倒的多数はアメリカ生まれの人たちである。日本からの本格的な移民は、戦後はもうほとんどゼロとなったからだ。

それとは対照的に韓国からの移民はとだえることなく続いたから、**アメリカ国内の韓国系社会も着実に発展**していった。韓国移民は当初はアメリカの生活にはなじめず、集団で同じ地域に住むのがほとんどだった。職業的にもアメリカでの言葉や教育のハンデがあったために八百屋、クリーニング業、韓国食堂などに集中していた。

しかし現在はアメリカの専門教育、高等教育を受けた韓国系アメリカ人たちは社会の広い範囲で活躍するようになった。ビジネス、技術、医学、教育、政治、外交などの各界に進出する韓国系の人たちも増えてきた。

たとえばオバマ政権から推薦されて一二年に世界銀行の総裁となったジム・ヨン・キム氏などその代表例だった。韓国で生まれ、金墉《キムヨン》という名前だったキム氏は五歳のときに両親に連れられ、アメリカに移住した。

キム氏はアメリカ人として第一級の教育を受け、医学の道を進んで、ハーバード大学で医学博士号を取得した。国連機関の世界保健機関（WHO）の局長となり、さらにアメリカのダートマス大学の学長を務めた後、世界銀行の総裁となった。

韓国系アメリカ人はこのようにアメリカ社会の主流に入って、枢要な地位を占めるという事例も多い。その一方、なお韓国系だけの共同社会に留まり、本国との絆を保つ人のほうがずっと多いといえる。

アメリカ全土でも韓国系住民が集まっている地域は三つある。カリフォルニア州南部のロサンゼルス中心の地域、ニューヨークとニュージャージー両州にまたがる地域、首都ワシントンDCと隣接するバージニア州中心の地域である。

これら三地域に住む韓国系住民は、すでにアメリカ国籍を有する人が大多数である。だからアメリカの大統領選、連邦議員選、地方自治体選挙などではきちんと投票をする。とくに選挙区の小さい連邦議会の下院選挙ではカリフォルニアやニュージャージー、バージニア各州内の選挙区で韓国系有権者の票はかなりの比重を占めることがある。

議員側も韓国系の有権者の意向を重視せざるをえないケースも起きてくる。その韓国系有権者たちはアメリカ国籍とはいえ、連邦議会の外交政策などでは韓国政府の意向を反映する意見を米側議員たちに伝える場合も多い。

つまり韓国系有権者たちがアメリカの議会の少なくとも一部を動かし、韓国政府が求めること、あるいは韓国にとって有利なことを実行させるのが可能になるわけである。

アメリカ議会の下院が二〇〇七年七月に慰安婦問題で日本政府を糾弾する決議を採択したときも、その**背後には韓国系アメリカ人たちからの強い要請**があった。

ただし現在、韓国系アメリカ人たちが結束して、文在寅政権を守るとか、同政権の要求をアメリカ側に実行させるという動きはあまり表面には出ていない。アメリカ全体から不信の目を向けられる文政権をさすがにアメリカに住む韓国系の人たちも自動的、全面的には支持できないということだろう。

だがアメリカでの韓国系市民の存在はいろいろな意味で重要なのである。

最悪の米韓関係が生んだ盧武鉉「大統領の末路」

一九六〇年代から七〇年代にかけての長期間、大統領だった朴正熙氏が在職中に側近に暗殺されたことはすでに書いた。七九年十月だった。非業な最期だった。

非業といえば、韓国の歴代大統領は似たような運命をたどった人が多い。

八〇年代から九〇年代にかけての全斗煥《チョンドファン》、盧泰愚《ノテウ》両大統領はいずれも退任後に国民弾圧や不正蓄財の罪で刑事訴追された。しかも死刑や長期懲役刑を宣告された。

その後の金泳三、金大中、李明博《イミョンバク》各大統領への退任後の司法や国民一般からの追及も激しか

韓国の民政化以降の大統領の財閥との主な癒着事件

金泳三

次男が韓宝グループなどから賄賂

金大中

長男ほか親族がナラ総合金融などから賄賂

盧武鉉

泰光実業などから賄賂

李明博

サムスン・グループなどから賄賂

朴槿恵

サムスン・グループなどから賄賂

った。最近の朴槿恵前大統領の弾劾や逮捕も強烈だった。

　こうみてくると、韓国では大統領を務めた人物が野に下ると、必ずといえるほど、懲罰を受けるのが一種の**〝伝統〟**となってきた。なかでも劇的で悲惨だったのは、盧武鉉大統領の退陣後の自殺だった。

　こうした事件の連続は決して偶然ではないだろう。韓国という国家の民主主義の成熟度や国民性の特徴と関連があるとするのは、国際的な認識だといえよう。

　だから韓国を自国にとっての重要な国家として正面から相手にする日本やアメリカは、「大統領の末路」が象徴する韓国側の特徴を常に念頭において対処しなければならなくなる。

しかし韓国の歴代大統領の悲劇でも、盧武鉉氏の場合はとくに複雑な意味があったといえる。一つには盧大統領の時代には米韓関係がおそらく最悪といえる状態となったことである。もう一つは盧大統領はいまの文在寅大統領の恩師であり、両氏の間では政策面での共通点も少なくないことである。

だから文在寅大統領の登場は、近年の米韓関係を知る人間にはどうしても盧武鉉政権の黒い影を思わせたのだった。

二〇〇三年二月に韓国の大統領となった盧武鉉氏は対外政策に反米、親北、反日の志向を濃くにじませていた。長年の同盟国のアメリカとは距離をおき、北朝鮮を脅威とみずに接近し、日本には激しい嫌悪や憎しみをみせる、という傾向だった。

盧大統領は就任演説でも中国などとの「北東アジアの繁栄の共同体」をうたい、北朝鮮をもそこに含みかねない態度をちらつかせた。一方、朝鮮戦争で韓国を救った同盟相手のアメリカの名をこの就任演説ではあげなかったのである。

盧大統領はアメリカに対して韓国を北朝鮮や中国との間に立つ「仲介者（バランサー）」と性格づけた。そのくせ有事にはアメリカ軍が韓国を防衛する米韓同盟の軍事機能の保持は求めていた。

アメリカの当時の二代目ジョージ・ブッシュ政権は強く反発した。同政権の至近からも激しい非難が起きた。アメリカ議会の否定的な反応が最も強かった。

当時のブッシュ政権に近く、共和党ロナルド・レーガン政権で国家安全保障担当の大統領補佐官を務めたリチャード・アレン氏は以下のように盧武鉉政権を批判していた。

「盧政権は北朝鮮の核武装を阻もうとするアメリカの政策に反対し、アメリカと北朝鮮の両方に譲歩を求めている。そんなシニシズム（冷笑的態度）は米韓同盟を侵食する」

ブッシュ政権でもドナルド・ラムズフェルド国防長官が盧武鉉政権登場後に在韓米軍を三万七千人から一万人ほども一方的に削減し、韓国への抗議と警告を発した。

この時点で米韓同盟は半世紀以上の歴史でも最大の危機を迎えた、という見方が一般的だった。

その間、盧武鉉大統領は、金大中大統領から継承して拡大した北朝鮮への宥和と友好の「太陽政策」で総額一兆円もの巨額の経済支援を北朝鮮に供与した。

北朝鮮はその間、核兵器と弾道ミサイルの開発を飛躍的に前進させた。間接的とはいえ、韓国からの資金が明らかに北朝鮮の核兵器や弾道ミサイルの開発に役立ったのだ。

文在寅氏はその盧武鉉大統領の最側近だった。いまも盧武鉉氏の政策や思想の忠実な継承者であることを公言する。アメリカに対して、みずからを北朝鮮などとの間に立つ「交渉者（ネゴシエーター）」と特徴づける点も盧氏に酷似している。

文大統領は就任当初、北朝鮮を軍事脅威と定義づけることを微妙に避け、アメリカが朴槿恵前政権との合意で韓国に導入した高高度防衛ミサイル（THAAD）の配備にも難色を示した。北朝鮮との融和を説き、北との開城《ケソン》工業団地事業や北領内の金剛山《クムガンサン》観光事業の再開へと傾いていった。

文政権がこうした政策を直線的に進めれば、アメリカのトランプ政権の北朝鮮政策とは激突することが懸念された。中国までが加わる国連主体の北朝鮮への徹底した経済制裁ともぶつかることとなる。そして現実もその方向へと進んだ。

盧武鉉時代の悪夢の再現、いやもっと危険で重苦しい展望が浮かんでいたのだ。まさに文政権における盧時代の軌跡は朝鮮半島、アメリカ、日本、そして中国から国連にまで及ぶ巨大な黒い影となっていたのである。

アメリカの警戒感は強い

ただし文氏自身は大統領選投票日直前のアメリカ有力紙ワシントン・ポストとの会見で「トランプ大統領は意外に現実的な指導者だ」などと語り、アメリカとの衝突回避への配慮を示した。トランプ政権の北朝鮮制裁策にも同調ともとれる柔軟な言葉を述べた。

だがアメリカ側の専門家たちの間では、文大統領は韓国内の対北融和の情緒的な主張に迎合するだけで、「北朝鮮の核開発や好戦的言動を実際にどう抑えるかという戦略は皆無に等しい」（プリンストン大学のパトリシア・キム研究員）という手厳しい批判も少なくなかったのである。

ワシントンの大手研究機関「ピーターソン研究所」の副所長で長年の北朝鮮研究で知られるマーカス・ノーランド氏も二〇一七年の報告書で文大統領の政策について「表面では米韓同盟の北朝鮮への軍事抑止の効用を認めながらも、じつはアメリカとの距離を増し、北朝鮮との連帯を進める『太陽政策』の強化を求めているようだ」と懸念を表明した。

ただしノーランド氏は文大統領にとっては、その新太陽政策の実行も十年余り前の盧武鉉時代とは内外の情勢が大幅に変わったために、きわめて難しくなったとも指摘していた。

たとえば北朝鮮への経済面の支援は国連の新たな経済制裁に触れる。南北離散家族の再会も朴槿恵政権が一六年に成立させた北朝鮮人権法により国際人道基準の順守が義務づけられ、北朝鮮政府の責任が追及される、というのだ。

北朝鮮の一七年五月十四日の新型とも思われる弾道ミサイル発射も、北朝鮮の軍事脅威が盧武鉉時代とは激変したことを実証した。

だから文政権も簡単には北朝鮮への融和や友好の姿勢をみせることは難しいだろうという観測も生まれるわけである。

とはいっても文在寅氏のルーツを眺めると、北朝鮮への一貫したソフトな姿勢が際立っていることがすぐわかる。少なくともこれまでの朴槿恵政権の対北朝鮮政策とは、まるで異なる対応が出てきたことは否定のしようがなかった。アメリカ側の懸念は深かったわけである。

盧武鉉氏は退任後に大統領在任時の不正資金受け取りの容疑で検察の捜査を受けた。その捜査が終わらない〇九年五月二十三日、自宅の裏山の岩壁から投身自殺した。真実がどうであったにせよ、痛ましい悲劇だった。

以上のように私はワシントンで米韓関係や米韓日関係のうねりを考察することによって韓国という国家、そしてその国民の特徴を認識していったのだった。

その認識のプロセスでは韓国という国家や民族の表と裏、そして日本側への態度や日本への影響をも含めての屈折した実態をみてきた。その実態には本音と建前、光と影など一筋縄ではいかない複雑なうねりがあることを知ったという点は貴重な教訓だった。

韓国の文在寅政権の新たな動きによる日米韓三国関係の変化を把握するうえでも、まずは韓国とアメリカとのからみあいの歴史を知ることは有益だったと思いたい。

第七章

赤化する朝鮮半島、日本がとるべき針路

異常な文在寅政権を韓国から切り離せ

わが日本はこんご韓国にどう対応すべきなのか。韓国という隣国にどんな態度で接していくべきか。

この章では本書の総括としてこの課題について論じたい。ワシントンを拠点に日本と韓国を眺め、アメリカの日韓両国に対する動きを追ってきた私自身の年来の体験を基に日本の進むべき針路を考えてみたい。

日本はどうすればよいのか。

まず第一には、**文在寅政権を隔離するような対応**である。

この対応はわかりやすくいえば、文在寅政権をまともには相手にしない構えとも評せよう。文政権を韓国の歴代政権のなかでも異様だとみなす。あるいは韓国全体のなかでも文在寅政権は、国家や国民の全体の枠を代表していないようにみなしてしまう。

もちろんこの表現にはやや誇張がある。日本と韓国との間には、たがいに主権国家として正式の国交が存在する。文大統領はかりにもその一方の主権国家で合法的に選ばれた元首である。だから公式には日本は韓国の政府とは種々の接触がなければならない。その韓国のいまの政府である文政権との意思疎通は欠かせない。正式の認知も必要だということになる。だがそれでも日本側としては、文政権との接触や認知さえも最小限に抑えることはできるのである。

文政権はいま**当面のあだ花だ**ともいえる。

やがては確実に消えていく異常現象だともいえよう。文大統領は前任の朴槿恵大統領の統治の結果を次々とひっくり返したのだから次の大統領が出て、いま日本に後ろ砂をかける措置の数々を逆転させる可能性は十分にある。

日本はそれまで待てばよいのだ。文大統領は韓国の歴代大統領のなかでもきわめて異端、異質である。文在寅という人物はいまの韓国のなかでも異様かもしれない。

文大統領と大韓民国という国家の間には、じつは大きな断層があるのかもしれない。少なくともいまの韓国に反文在寅勢力が大きくうねっていることは現実である。

だから日本としては、文在寅氏と韓国の国家や国民とを切り離して考えてもよいのではないか。そんなことを実感させられたのは韓国側からの辛辣きわまる文在寅批判だった。

「いまの文在寅政権下の韓国は事実上の内戦状態にあり、民主主義も三権分立もないから日本側は正常の国を相手にしているつもりになってはならない」――

こうした切りつけるような文政権批判が韓国の保守派知識人から表明された。韓国内の反文在寅勢力の手厳しい政権糾弾だが、こうした意見が日本側に向かって述べられるほど、いまの韓国内部の分裂や混乱は底が深いのだといえそうである。

かつて韓国政府の外交官として在日韓国大使館の公使や参事官を務め、現在は学者や評論家として活動する洪熒《ホンヒョン》氏は二〇一九年七月、東京都内の民間安全保障・外交研究機関の「日本戦略研究フォーラム」（屋山太郎会長）が主催した討論会で「日韓関係——打開策はあるのか」と題して演説して、こうした趣旨の文政権批判を述べた。

日本側に対しての「文政権を相手にするな」という訴えだった。だから日本はどうすべきか、という設問への私の第一の提案の根拠になるともいえよう。

洪氏は政治的には韓国の保守派として、これまでも文在寅政権の内外政策に激しい批判をぶつけてきた。

この演説でまず現在の日韓両国の対立については、以下の諸点を述べた。

・文政権は反日の感情やイデオロギーを韓国民に対する洗脳や扇動で広め、自分たちの共産主義的全体主義の体制の推進に利用している。この**「官製反日」**の真の目的は決して元徴用工や慰安婦の問題ではなく、北朝鮮や中国ともひそかに連携して韓国を日米側から引き離し、北朝鮮・中国側に接近させることである。

・日本側は文政権が過去や現在の国際的な公約、合意を守ることを期待すべきではない。文政権にとっての約束は本来の政治目的の達成のために利用し、ごく簡単に破る便利な道具なのだ。日本側は韓国への輸出優遇の撤廃措置をめぐるいまの対立でも話し合いでの合意は望めないことを覚悟すべきだ。

まさに日本側の官民に対して**文政権を相手に物事を進めるな**という強烈なアピールだった。韓国側にもこうした意見があることは認知すべきである。

洪氏はさらに語った。

・韓国側には文在寅大統領の反日姿勢に反対する国民も多数、存在する。だから日本もアメリカのトランプ政権のいまの対韓政策と同様に、文在寅政権を韓国の国家全体や国民からは切り離して考える態度が望ましいと思う。

トランプ政権はすでに文政権を韓国全体からは切り離している、というのだ。

洪氏は文在寅大統領や文政権のあり方そのものについては対立、対決の立場から以下の諸点を語った。

・文在寅大統領は北朝鮮の金正恩委員長とは双子の兄弟のように思想や信条が似ており、究極的には北朝鮮や中国と連帯して、共産主義、社会主義の独裁政治体制を築くことを目指している。文大統領は北朝鮮の長年の戦略目標である韓国の国家保安法の廃止、国家情報院の解体、在韓米軍の撤退に本音では同調している。

・いまの韓国では文政権への反発も激しく、国内分裂の険しさは**事実上の内戦状態**といえるほどだ。文政権は北朝鮮との合意を自国の三権分立や憲法の規定よりも上部に据えている。だから三権分立も代議制民主主義もいまの韓国では正常には機能していない。

・文大統領の支持率はそれでも四〇％台から下がらないが、それは文政権全面支持の「言論労組」が各主要メディアの個別労組を動かして、報道や世論調査を操作しているためだ。実際には文政権を積極、消極に支持する人は韓国民全体の三分の一以下だろう。

以上のように洪氏は韓国内部にも日本に対して「文政権を相手にするな」と訴える勢力が確実に存在することを強調していた。

だから文在寅大統領を隔離、あるいは文在寅政権をいまの韓国という国家から一時、切り離して考えるという対応も日本側には有益となるかもしれないのである。

隣国とは対立が普通、絶対に謝罪してはいけない

さて第二には日韓の主張の相違を認め、年来の謝罪外交を排するという対応である。日本と韓国の主張が異なることは、火をみるよりも明らかである。たとえ日本側の主張がいかに歴史的な経緯や法的な正当性や、事実の認識において正しくても、韓国側は絶対に非を認めない。ではどうするのか。

この種の状況への対応として、アメリカ側でよく使われる表現がある。

Let us agree to disagree.

つまり**「同意はしないということを同意しあおう」**という意味である。対立する両者がおたがいの間に厳存する相違の存在を認め、相互の主張はまったく相反することを認めあう、ということだ。

その結果、対立が続いても構わないではないか、という構図になる。日韓両国のいまのような歴史上、さらには現実的な対立をみれば、日本と韓国とはそもそも見解の相違が正常な状態だとさえいえるだろう。

日本はその対立をなくそうとして、あまりに多くの代価を払ってきた。

経済支援の名の下の巨額な賠償、竹島という日本固有の領土の喪失、教科書問題での事実誤認からの誤謬《ごびゅう》の謝罪、慰安婦問題での同様の虚構からの謝罪……そのうえにいまもなお「韓国とじっくり話しあえ」という声が消えない。さらには年来の「日本と韓国は隣国同士なのだから、とにかく和解が不可欠だ」という声も消えてはいない。

この点、アメリカ側でおもしろい意見が最近、出ていた。

ブルームバーグ通信のベテラン国際問題コラムニストのデービッド・フィックリング記者が一九年七月中旬にワシントン・ポストに寄稿した記事だった。

この記事はいまの世界には隣国同士だからこそ積年の諸案件により、厳しく対立する国家群が多いと指摘していた。その実例としてはインドとパキスタン、ブラジルとアルゼンチン、さらにはイギリスとEU（欧州連合）中核の諸国などをあげていた。

一方、日本では「隣国だから仲よく」という主張が情緒的に叫ばれる。「引っ越しはできない両国だから」とも主張される。その前提には地理的に近い国とは理屈抜きに友好的、融和的な関係を保たねばならない、という思い込み的な認識がある。

だがこのフィックリング記者のコラム記事は「むしろ隣国同士だから対立するのが普通だ」と指摘するのである。イスラエルとアラブ諸国との関係など、まさにその実例だろう。

その記事はこうした対立する国家間の関係は**「冷たい平和」**と呼ぶべきだともいう。

日本にとってはこれからの韓国との関係はたとえ「冷たい平和」が通常の状態となっても、不自然ではない、ということだろうか。

韓国の反日の動きに対しては、わが日本は戦略的な強固さで応じる時期がきたといえよう。日本側は年来、韓国の官民からの多様な糾弾に対して、とにかく謝罪するという対応をとってきた。そして韓国側の当面の要求に屈服するという態度だった。

慰安婦問題などでの宮沢喜一氏の連続謝罪、河野洋平氏の「河野談話」での謝罪など、そのわかりやすい実例である。

こういう態度は韓国側に対して同調や譲歩を示し、謝罪をすれば、韓国側にも通じて、韓国側の態度を軟化させ、当面の摩擦状態は改善される、という前提だったといえよう。

だがこの前提がまちがっていた。その前提に基づく謝罪の対応は不毛だったのである。日本側が謝罪した後の韓国側の態度や日韓関係の実際の展開をみれば、その結果は明白だった。

韓国側は日本の謝罪を事実上、無視して、以前と同じ虚構や錯誤の非難をぶつけ、さらにエスカレートさせるのである。謝罪は韓国側をさらに居丈高にさせる効果しかないのが過去の実態だった。

日韓関係では第三者のアメリカ、オークランド大学の日本研究学者ジェーン・ヤマザキ特別講師は日本の謝罪外交についての自書で慰安婦問題など歴史案件での日本の対韓謝罪は、外交としては完全な失敗であり無意味だった、と総括していた。

ちなみに同講師は日系アメリカ人男性と結婚した女性で、非日系である。

ヤマザキ講師の著書は一九六五年の日韓国交正常化以降の日本の国家レベルでの謝罪の数々を列記して「主権国家がこれほどに過去の自国の行動を悪事だとして他国に謝ることは国際的にも珍しかったが、その結果としての韓国側の対日姿勢の改善はなかった」と総括していた。

ヤマザキ講師は「謝罪が効果をあげるには受け手の側にそれを受け入れる構えがなければならないが、韓国側には日本の謝罪のために自国の言動を変えるという態度はまったくうかがわれない」とも述べていた。

慰安婦問題が典型的な実例だった。

日本は慰安婦問題で韓国側からそもそも不当な虚偽の非難を受けてきた。「日本軍による朝鮮女性の集団強制連行」「女子挺身隊も慰安婦」「二十万人の性的奴隷」などという事実とは異なる糾弾だった。

そんな不当な非難を受けた日本側のメディアの大多数が、その虚偽のプロパガンダ言辞をそのまま受け入れてきた。そして日本国民に向けて拡散した。その態度には不毛な謝罪外交の心理がにじんでいた。韓国側への理解を示せば、事態は改善するという思いこみでもあった。

韓国の反日がいつまでも続く理由の一つは、韓国側がその代償をまったく払わなくてすむことだという指摘がアメリカの専門家たちから頻繁になされてきた。

韓国側はどんなに日本を叩いても日本からの反撃はなく、被害を受けることはない。だからいつまでも反日の言動を繰り返す、というのだ。

そんな悪循環を断つためにも**理不尽な日本糾弾には日本側も対抗措置をとる**、というぐらいの気構えが求められる時代がついにきたようだ。その種の気構えは決して感情ではなく国益上の実利につながる戦略であるべきだろう。

北に急傾斜する韓国には日米同盟の強化で対抗

第三には、**日本は日米同盟を強化し、自国の防衛力をも増強する**、という対応が必要である。

韓国での文在寅的な潮流は、どうしても日本の従来の安全保障態勢にマイナスとなる。その背後には、日本にとっての大きな危険さえひそんでいる。

日本側がまず警戒すべきは、北朝鮮に異様なほど寄り添う文政権の姿勢である。その特異な姿勢から生じる韓国の対外的な安全保障政策の変化は、日本にとって危機をもたらしかねない。

この点は本書の主要点でもある。前述の洪熒氏の指摘を借りるまでもない。

北朝鮮への傾斜は、文大統領が当選の翌日に北朝鮮の主体思想にまで同調したとされる親北活動家だった任鍾晳《イムジョンソク》氏を大統領秘書室長に起用したことでも印象づけられた。秘書室長は日本でならば官房長官に等しい要職である。

文氏自身、選挙戦中から北朝鮮を脅威ではなく同胞扱いして、北との統一への「国家連合」という言葉をも使った。

文氏は北朝鮮の主体思想や独裁政治の過酷な人権弾圧を非難することもない。北朝鮮に対して韓国側の民主主義というイデオロギーの優越性を説くなどという姿勢はツユほどもみせないのだ。

なにしろ文大統領の過去の政治歴には、北朝鮮を無法国家とみて糾弾するという姿勢がないのである。むしろ北朝鮮を脅威だとか無法だとみる側に対して非難を浴びせてきた軌跡の政治活動家だったのである。

日本とは根幹で異なるこの姿勢は、安全保障面ではまずアメリカとの摩擦を起こし始めた。そもそもアメリカが韓国との同盟関係を保ち、韓国に米軍を駐留させる大前提は、北朝鮮が韓国にとって明白な軍事的脅威だとする認識だった。

ところが文大統領は、北朝鮮を明確な軍事的脅威とみるのかどうかも曖昧なのだ。

文大統領の北朝鮮への宥和姿勢が日本の安全保障にとっても有害となることには、少なくとも二つの理由がある。

その第一は、日本と韓国は本来、北朝鮮の軍事脅威への認識を共有してきたが、その共有に基づく連帯が崩れることである。

韓国はとくに文在寅政権でなくても、日本に対してじつに多様な顔をみせる。だが根幹の部分では、日韓両国は安全保障上は同じ船に乗っている状態が長年、続いてきた。韓国側の多数派もその日本との連帯は支持してきた。その根拠は北朝鮮の脅威だった。

だが韓国が北朝鮮を脅威だとみなくなれば、この安保面での日韓の長年の連帯は崩れていくことは論理の帰結なのである。

第二の理由は、韓国の文在寅的な安保漂流によって米日韓三国安保協力が侵食されていくことである。もしかすると侵食どころか、場合によっては崩壊につながりかねない。

日本はアメリカを通じて韓国の安全保障上のパートナーである。日韓両国は直接の同盟国ではないが、ともに共通の同盟相手を有するパートナーとして長い歳月を過ごしてきたのである。

だが韓国の北朝鮮すり寄りは、まずアメリカとの同盟を侵食する。その結果、米日韓の三国安保態勢が変質し、溶解しかねない危険が起きるのである。

日本にとっての国民的な悲願ともいえる日本人拉致事件の解決でも、韓国の協力が期待できなくなる局面にも備えるべきだろう。

このように韓国が安全保障面で日本から離れていき、場合によっては日本を敵視するような方向にまで進む可能性に対しては、日本の当面の政策の選択肢は日米同盟の強化である。

日本側として朝鮮半島での韓国の北朝鮮傾斜による情勢の不安定化には、当面は日米同盟の強靭《きょうじん》性を高めることが最も現実的な将来の道だろう。

アメリカ側でも韓国側による日韓軍事情報包括保護協定（GSOMIA）の破棄に象徴される米韓同盟からの後退で、日本との同盟への依存や重視をまた一段と深めるようになった。

アメリカにとって年来の同盟相手の韓国がもはや頼りにならないような状況が生まれれば、東アジアでのもう一つの有力な同盟である対日同盟への傾斜が深まることは当然の帰結でもある。

日本側としては、韓国の漂流による安全保障の揺れをアメリカとの同盟の再強化によって安定させることが自然な政策の進化となろう。

民主党でさえ日本の憲法改正を要望

ただしその際には、日米同盟への朝鮮半島の不安定要因の核心である軍事課題への直接の対処が日本にも求められてくる。中国という日米共同の明白な軍事脅威に対しては、なおさらそうである。

アメリカ側には東アジアの安全保障に関しては、日本が憲法の防衛面での自縄自縛を解消して日米同盟の双務性を増し、アメリカの軍事努力への寄与を拡大することを期待する超党派の思考がすでに存在する。

朝鮮半島での激変は、日本が防衛面での「普通の国」となるべき将来の方向をも明示しているのである。

トランプ大統領自身が数回にわたり、日米同盟の現状を不公正だと批判したことも、このアメリカ側の超党派の不満の反映だった。

トランプ大統領は「いまの日米同盟では日本が攻撃されれば、アメリカは全力をあげて日本を防衛するが、アメリカが攻撃されても、日本はなにもしなくてよい。日本国民は家に留まって、ソニーのテレビを観ていればよいのだ」と述べたのである。

もういまでは有名となったトランプ大統領の日米同盟片務性批判の発言だった。

いまの**アメリカは明らかに日本の防衛努力の拡大**を求めている。その努力の拡大が日本の憲法で妨げられるとなれば、では憲法を変えてほしい、というのが現在のアメリカではすでに野党の民主党側にまで広がった認識だといえる。

トランプ政権は北大西洋条約機構（ＮＡＴＯ）の同盟諸国に、それぞれ防衛費を自国の国内総生産（GDP）の二％以上へと増すことを強硬に要望してきた。この要望はじつはオバマ前政権の方針でもあった。いまやNATOの欧州の主要各国の多くは、この方針に応じるようになった。

一方、日本の防衛費は周知のようにGDPの一％以下である。トランプ政権はこれまでは日本に対してこの点での要望は表明してはいないが、この日本の状態に不満を抱いていることは確実である。トランプ政権自体がいまや史上でも最大規模の国防経費を支出するようになったのだ。

日本にとってはアメリカの期待を別にしても、中国や北朝鮮の軍事の態勢や実際のパワーは国家安全保障を脅かす脅威である。まして韓国が中国や北朝鮮の方向へ漂流しかねないとなると、日本への軍事脅威はますます強大となる。

日本自身も独自の**防衛能力を増強しなければならない客観情勢**は歴然としているのだ。日米同盟は当面、堅固であり、アメリカがその強大な軍事抑止力を日本の防衛にも機能させるというメカニズムを揺るがせにしないとしても、国と国との同盟関係は永遠であるはずがない。自国の防衛は、自国がまず第一に責任を持つことが世界のどの主権国家でも基本である。

だからこそ日本の独自の防衛態勢の強化も韓国との対立、対決を契機としても、改めて考えざるをえないわけだ。

日本の立場を海外に発信せよ

第四には、日本は韓国との対決では**自国の主張を積極果敢に対外的に発信する**という対応が欠かせないといえる。

日本と韓国の主張はいま、正面から衝突している。その争いでは、アメリカをはじめとする他の諸国を自国の主張にどこまで同調させるかは当然、重要である。その同調を得るには諸外国に向けて、自国の主張を発信しなければならない。

その発信は効率よく、かつ説得力に満ちていなければならないのは当然である。その発信先としては超大国、かつ日韓両国にとっての同盟国のアメリカがとくに重要である。

しかしアメリカへの発信では、日本は韓国に大きく遅れをとっているのだ。

韓国の対アメリカ広報の積極的な実例を報告しよう。

一九年九月、韓国の文政権の外務省報道官がアメリカの大手新聞への投稿で今回の日韓の衝突はけっきょくは日本が「朝鮮半島の違法な植民地化への責任を認めていないために起きた」と主張した。

同投稿はさらに日韓両国対立の真の原因は「日本の歴史修正主義であり、過去を反省しないことだ」とまで非難した。アメリカをなんとか味方につけようとする韓国の年来の告げ口外交の典型でもあった。

韓国外務省の金仁澈《キムインチョル》報道官はアメリカ大手紙ウォールストリート・ジャーナル九月八日付に日本政府を非難するこのような投稿を載せた。「日本は韓国との合意を守っていない」という見出しの同投稿は以下のように主張していた。

・韓国は一九六五年の日韓請求権協定を忠実に守ってきたし、それを破る意図もまったくない。韓国大法院は同協定を否定せずに、日本による違法な植民地統治と侵略戦争に直接に関連づけられる強制労働の犠牲者たちが受けた損害は同協定の対象には含まれないことを指摘した。
・日本はこの協定の締結への長い交渉の過程では朝鮮半島の植民地化への法的責任を認めることを拒否してきた。韓国側は日韓請求権協定を保持しながら大法院の判決を履行する方法を探ろうと努力してきたが、日本側は対話を拒み、貿易面での報復措置をとった。
・この問題の核心は日本の歴史的な修正主義であり、過去を完全に反省しない態度なのだ。

以上のような主張は、日本の朝鮮半島統治の期間中に起きた韓国側での「被害」や「犠牲」への賠償請求が一九六五年の日韓請求権協定で「完全かつ最終的に解決された」とする規定を無視する形となっていた。

しかも日本側は韓国大法院の判決を違法と断定して、一九年一月に日韓請求権協定に基づく韓国政府との協議を要請したが、韓国政府がこの協議の要請に応じなかったことも、金報道官の投稿は無視していた。

そのうえ、韓国政府は大法院判決の執行のための原告による日本企業の財産差押手続が進むなか、なんの行動もとらなかった。このため日本政府は同年五月に韓国政府に対し、日韓請求権協定第三条二項に基づく仲裁付託を通告し、仲裁の手続を進めた。

しかし韓国政府が、これにも応じなかったことも金報道官の投稿は触れていなかった。

要するに今回の日韓対立は日本側が朝鮮半島の植民地支配の過去を反省せず、その歴史をゆがめていることで起きたという一方的な主張だった。

問題はこの種の**韓国側の勝手な主張がアメリカ国内での最大部数を有する主要新聞に掲載**されてしまうことである。

ただし金報道官の投稿は同じウォールストリート・ジャーナルの八月二十三日に載った日本外務省の大菅岳史報道官の投稿への反論の形をとっていた。

大菅報道官は同紙八月三日付社説が日韓対立問題を取り上げた論評で、日本政府の韓国に対する貿易面での優遇措置撤回を「保護貿易主義的な外交がグローバルに広がる」という見出しで批判したことに反論していた。

大菅報道官はこの社説に対して、日本の対韓措置が決して「保護貿易主義的な外交」ではないことや、元戦時労働者問題での韓国側の動きに対する「報復」でもないことを主張していた。

韓国側はこれに対して金外務省報道官の投稿により「保護貿易主義」とか「報復」という論点をはるかに越えて、今回の日韓対立はそもそもが「日本側の違法な植民地支配」や「歴史修正主義」「過去の反省なし」という諸点にあるのだという牽強付会《けんきょうふかい》の主張を超大国のアメリカの主要メディアで広げるという動きに出たわけだ。

対外広報活動で優位に立つ韓国

じつは韓国側はアメリカでは日ごろから日本よりずっと一貫した自国の主張の発信を続けている。今回の日韓対立でも韓国側は、ワシントンに設置した対外広報機関から自国の主張をアメリカ一般向けに広める具体的な活動を開始していた。

だが日本側はなんの動きもみせていない。とくに安倍政権が「対外戦略発信」の新拠点として開設したアメリカやイギリスなど全世界三ヵ所の豪華施設「ジャパン・ハウス」は日本の文化や芸能の紹介に終始して、**日本国の政策の発信はゼロ**という状態なのだ。

ワシントンには「韓国経済研究所（KEI）」という韓国政府の機関が存在する。名称は研究所だが、韓国政府に必要な対外広報活動を活発に展開する。

KEIの定款には韓国政府によって開設され、運営の資金も提供され、アメリカ司法省にも「韓国政府の外国代理人」として登録し、韓国政府のための政治や広報の活動をすることが明記されている。

そのKEIが日韓両国の対立が明らかとなった一九年六月ごろから、日韓関係に関する行事や活動を積極的にスタートさせた。

日韓両国間の民間交流の意義を論じるアメリカ人若手学者数人による公開シンポジウムの開催だった。日本政府の北朝鮮と中国に対する戦略についてのアメリカ側研究者の論文発表もあった。そして慰安婦や徴用工問題での日本の態度についてのアメリカ側研究者の論文も発表された。

KEIのこうした活動はみなそれぞれに韓国側の政策や認識を正しいとする判断、日本の韓国への対応が過激すぎるという意見などが巧みに盛りこまれていた。

とくにKEIの最近の動きで目立つのは、同研究所の研究部長トロイ・スタンガロン氏がアメリカ側の各種会合やメディアの取材に応じて、日韓問題での韓国側の見解を頻繁に語っていることである。結果として韓国政府の代理人として韓国側の言動が正しく、日本政府の政策はまちがっているという趣旨のコメントが多くなるわけだ。アメリカにおける韓国政府の代理人の役割を果たすことになるのだ。

スタンガロン氏の意見は日本でもJapan Timesの記事などにも引用されている。

一方、日本側はどうだろうか。

ワシントンには日本大使館の管轄下に日本広報文化センターという施設がある。日本の紹介が主要な任務だが、その「文化」という名称どおり、日本の映画、アニメ、絵画などの展示が主体となっている。

日本と韓国の衝突が激しくなった一九年八月から九月にかけては「日本の動物の絵画展」を開催しているだけだった。韓国の政府機関のＫＥＩとは雲泥の差の活動なのである。

アメリカでの広報も含めて日本からの政治的な対外発信が期待されてきたのは「ジャパン・ハウス」である。ロサンゼルス、ロンドン、サンパウロの三大都市ですでに開設された。

安倍政権は一五年に日本の国家、国民にとって重要な政策や主張を対外的に発信する「戦略的対外発信」の新政策を採用し、当初の予算で五百億円を投入して、世界三ヵ所のジャパン・ハウス開設を決めた。

それまでアメリカを舞台とする中国や韓国の政府関連組織による反日の政治宣伝や広報、ロビー活動により、日本の国益が大きく損なわれたとの認識からの新しい主要対策だった。

外務省が主管となるこのジャパン・ハウスは、日本にとって重要な歴史問題や領土問題でも日本側の主張を発信、展示する拠点となることが安倍首相周辺でも決められていた。

ところが一七年から一八年にかけて、サンパウロ、ロサンゼルス、ロンドンでそれぞれ完成したジャパン・ハウスでは、冒頭から政治案件は一切、避けての文化と芸能だけの活動を展開する状態となった。

だからアメリカでもロサンゼルスのジャパン・ハウスでは、日韓対立での日本側の主張をなんらかの形で発信するというような気配はツユほどもない。集会や展示の主題は日本食、日本観光、工芸品、マンガ、アニメ、音楽などに終始している。日本政府としていま切迫した課題の対韓関係に関連するテーマはゼロなのだ。

計画の当初では、日本国全体に大きな影響を及ぼす歴史や領土の問題での対外発信を、まず優先するかのような宣伝でスタートした。この構想がいざ実現してみると、重大な政治案件はすべて忌避という文化芸能施設に化してしまったわけである。

その結果は、アメリカ国内では日韓両国のいまの対立に関する自国の立場への国際社会の理解や同調を得るための対外発信では韓国側が独走という状態となってしまったのだ。

そのせいか、アメリカではニューヨーク・タイムズやワシントン・ポストなどの大手紙は日韓対立の原因について「そもそも日本の苛酷な韓国統治から生じた事態」というような記述が多い。この記述は韓国外務省の金報道官のウォールストリート・ジャーナルへの投稿の趣旨とまったく同じなわけである。

日本側としては当然、この状況を変えねばならない。

大激変の半島情勢は歴史と地政学から俯瞰する

さて最後の第五の日本のあるべき韓国への姿勢は、**歴史や地政学を俯瞰《ふかん》しての巨視的な意識**による対応である。

韓国が日本に理不尽な行動をとることは目前の出来事である。その結果、日韓両国の関係が悪くなることもまた、すぐ目の前に広がる光景だといえよう。

だが、こうした目前の展開の背後には日本という国家を根底から揺さぶり、動かしかねない歴史的なうねりがあるのかもしれない。地政学的な潮流が流れているのかもしれない。

こんごの韓国への対応では、このあたりまでを意識して、視線や思考を向けることも必要だろう。

こうした点こそ、現在の日韓対立には両国のいまの地平線を越えて遠隔、かつ深層の意味がありうることを示唆しているようだ。もしかすると日本の国運をも左右する歴史の流れが新しい予兆をみせているのかもしれないのである。

いまの日韓対立はこのぐらいの巨視的な認識をも念頭に入れて、みておくことが適切だろう。最悪の事態をも考えて、ということである。

日本の近代の国運は朝鮮半島の情勢の動向によって左右されてきた。近代史をみれば明確である。日清、日露の両戦争とも朝鮮半島の混乱が契機となった。この二つの戦争の結果は明治から昭和への日本の進路を大きく変えることとなった。

いまの韓国の文在寅政権の日本に対する奇矯《ききょう》な言動ぶりは、ひょっとすると韓国という国家全体、さらには朝鮮半島全体の大きな歴史的変化の予兆かもしれないのだ。文政権の韓国内での異様さについて前述したが、もしかすると韓国全体がその異様な方向へと流されていくという可能性もあるだろう。

繰り返すが、文大統領は「反日」と同時に「親北」のスタンスを明確にする。北朝鮮への和解、宥和の姿勢である。北朝鮮の独裁者、金正恩朝鮮労働党委員長へのすり寄りだといえる。日本を叩くことと、北朝鮮に接近することは、一種のセットのようにもみえる。

金正恩委員長ももう韓国を敵視しないと一度は宣言までしたのだ。アメリカをも敵視しないという。金委員長が代表する朝鮮民主主義人民共和国という存在は、そもそも韓国とアメリカに対する敵視のうえに築かれた国家だといえた。

北朝鮮は長年、韓国を正当な主権国家とは認めず、やがては必ず自国の体制や理念の下に武力を使ってでも屈服させると宣言してきた。

韓国もアメリカも北朝鮮を現実の軍事脅威とみなし、敵視した。そのうえに米韓同盟が成り立っていた。日本はその米韓同盟に密着してきたのである。朝鮮半島の情勢は北と米韓の対立が最大の特徴であり、その点にこそ日本の立ち位置があった。

だがこの長年の敵対の構図が一八年四月の文在寅・金正恩会談から大きく変わり始めたのだ。少なくとも表面的には北朝鮮は韓国敵視を止めて、「恒久的な平和」や「統一」を目指すというのだ。

この宣言が北朝鮮の真意ならば、朝鮮半島情勢はまさに激変である。敵対から和平への逆転ともいえる。米韓同盟も在韓米軍もやがては不要ということになりかねない。

現実の事態はそんなところまで短期間に直線的に動くことは決してないかもしれない。だがそれでもここにきてその可能性が生まれたことは否定できない。

南北和解が現実となれば、韓国側には在韓米軍を常駐させて、北朝鮮の軍事脅威を抑止するという動機もなくなっていく。米韓同盟は必要ないという考え方さえ出てくるだろう。

さらには極端なシナリオとはいえ、朝鮮半島での南北接近は最悪の場合、核武装したままの北朝鮮の拡大をも意味しうる。北朝鮮が完全な非核化をなしとげないまま韓国との連携を強める、あるいは統一という方向へ歩む。そんな場合、核武装した南北統一朝鮮の登場ともなりうる。

その統一朝鮮はアメリカには友好的、あるいは中立という姿勢をとることがあっても、日本を敵視したままだろう。

なにしろ北朝鮮は日本に対して「核で海の底に沈める」と脅すほど、敵意をむきだしにしてきたのだ。この「反日」とか「日本敵視」という点では、北朝鮮と韓国の歩調は期せずして合ってしまうのだ。

だから日本にとっての最悪シナリオは、日本を軍事的に敵視する統一・新朝鮮の登場だといえよう。朝鮮半島全体が日本を敵視するようになるのだ。

朝鮮半島の将来は日本にとって、これほどの危機的状況が想定されうる流動性をみせ始めたのだ。朝鮮半島と日本との宿命のようなかかわりの流れは、歴史的な転換を画す地点へと向かって、ひたひたと進み始めたのかもしれない。

日本としては少なくともそこまでの俯瞰的な思考が必要だろう。

文在寅大統領が体現する韓国の変動を地政学的に考えるときには、まずアメリカの役割という巨大な要因が浮かびあがってくる。朝鮮半島の運命には超大国のアメリカが深くかかわり、朝鮮半島の情勢を左右してきたからである。

アメリカの朝鮮半島への関与の歴史は長く深い。他の章でも述べたように、第二次大戦の終戦時の一九四五年八月に朝鮮半島の南半分を日本から引き継ぎ、統治したのはアメリカだった。四八年の大韓民国の建国でもアメリカは背後の大黒柱だった。

一九五〇年一月、アメリカ政府の時の国務長官ディーン・アチソンがワシントンでの演説でアメリカのアジアでの新たな防衛線を論じたなかに朝鮮半島を含めなかった。確定した政策に基づく意図的な発言ではなかったようだ。

だが、このアチソン発言から北朝鮮の当時の最高指導者の金日成《キムイルソン》が韓国を攻撃しても、アメリカはもう韓国を守らないと判断して、その年の六月に朝鮮戦争を始めたとされる。だがアメリカは韓国を守るために全面的に戦った。北朝鮮軍の大進撃の前に、壊滅寸前だった韓国の政府や軍を米軍が救ったのだ。

米韓同盟の強い絆はここに始まった。以後、その同盟自体の根底は揺らぐことはなかったが、それから七十年近く、韓国側から米韓同盟を空洞化しかねない北朝鮮との和平や不可侵を掲げる動きが出てきたのだ。北朝鮮と連動する潮流のようにもみえる。

朝鮮半島とアメリカのかかわりの歴史のなかでいまの動きをみると、それがいかに画期的な変化であるかがわかる。朝鮮半島でのアメリカの歴史的な役割が改めて挑戦を受け、変化を求められてきたと総括しても誇張ではない。

当然ながらアメリカの朝鮮半島での役割は、その同じアメリカに防衛を依存する日本にとっても重大な意味を持つ。幸いにして現情勢では、アメリカは朝鮮半島がどう変化しても日米同盟の堅持という基本は揺るがせにしないようにみえる。中国という巨大な軍事脅威がまず大きいだろう。

朝鮮半島になお残る不安定や脅威の要因も、日米同盟の必要性を日米両国に認識させているといえよう。

日本としては、朝鮮半島から東アジア全体に及ぶ地殻的変化の兆しに備えねばならないことは必然だろう。朝鮮半島とアメリカの関与にこれからどんな変化が起きうるか、そのそれぞれのシナリオへの日本の対応を考えておくことが求められるのである。

［略歴］

古森義久（こもり・よしひさ）

産経新聞ワシントン駐在客員特派員。麗澤大学特別教授。東京生まれ。1963（昭和38）年、慶応義塾大学経済学部卒。米国ワシントン大学留学。毎日新聞社会部記者サイゴン、ワシントン特派員、政治部編集委員を歴任。87年に産経新聞に移り、ロンドン、ワシントン支局長、初代中国総局長、ワシントン駐在編集特別委員兼論説委員を歴任。81〜82年、米国カーネギー国際平和財団上級研究員。ベトナム報道でボーン国際記者賞、「ライシャワー核持ち込み発言」報道で日本新聞協会賞、東西冷戦終結報道で日本記者クラブ賞、『ベトナム報道1300日』（講談社）で講談社ノンフィクション賞などを受賞。

著書に、『米朝首脳会談と中国、そして日本はどうなるのか』『朝日新聞は日本の「宝」である』（ビジネス社）、『ODA幻想 対中国政策の大失態』『憲法が日本を亡ぼす』『米中対決の真実』（海竜社）、『米中新冷戦 偽ニュースとプロパガンダ全内幕』『日中再考』（産経新聞）などがある。

モンスターと化した　韓国の奈落

2019年12月15日　　　第1刷発行

著　者　古森 義久

発行者　唐津 隆

発行所　株式会社ビジネス社

〒162-0805　東京都新宿区矢来町114番地 神楽坂高橋ビル5F
電話　03(5227)1602　FAX　03(5227)1603
http://www.business-sha.co.jp

〈装幀〉大谷昌稔
〈本文組版〉茂呂田剛（エムアンドケイ）
〈印刷・製本〉中央精版印刷株式会社
〈編集担当〉本田朋子　〈営業担当〉山口健志

©Yoshihisa Komori 2019 Printed in Japan
乱丁、落丁本はお取りかえいたします。
ISBN978-4-8284-2150-6

ビジネス社の本

なぜ韓国は未来永劫幸せになれないのか

中韓を自滅させる準備を始めよ

黄文雄……著

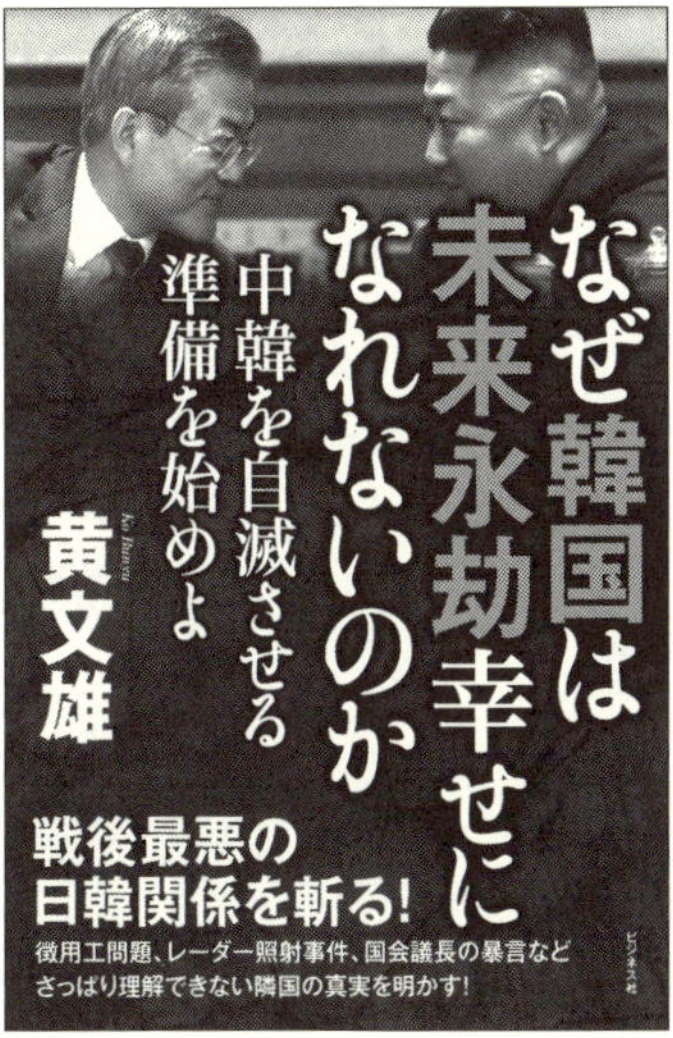

定価　本体1400円＋税
ISBN978-4-8284-2083-7

戦後最悪の日韓関係を斬る！

徴用工問題、レーダー照射事件、国会議長の暴言など
さっぱり理解できない隣国の真実を明かす！
「反日」でしか生きられない国々や人々は
じつに悲しい宿命である！
大中華（中国）➡計算高く損得勘定で動く
小中華（韓国）➡感情的というより病気！

本書の内容

序　章　戦後最悪の日韓関係
第一章　だから韓国は反日をやめられない
第二章　外から見た朝鮮半島
第三章　絶対に幸せになれない歴史の韓国人
第四章　世界から嫌われる朝鮮人のメンタリティ
第五章　言語と文字はどこまでメンタルを決めるか
第六章　自然生態から見える朝鮮半島の真実
第七章　儒教国家・李朝朝鮮の悲劇
第八章　本当は史上一番幸せだった「日帝三十六年」
終　章　中韓を自滅させる準備をせよ

ビジネス社の本

アメリカが韓国経済をぶっ壊す！

大波乱の世界経済で日本は生き残れるか

朝倉慶……著

定価　本体1500円＋税
ISBN978-4-8284-2135-3

韓国制裁の裏にある驚愕の真相！

韓国制裁は日米の連携プレーだった！
トランプは文在寅を切り捨て、
北朝鮮・金正恩と手を組む！　アメリカは本気だ！

そして円高が進む日本経済は安泰か？

本書の内容

第1章　対韓制裁の真相
第2章　巻き返すファーウェイ
第3章　敵を欲するアメリカ
第4章　中国の凄みと負の側面
第5章　トランプと金正恩の関係
第6章　一触即発のイラン情勢
第7章　進行する円高とその背景を読む
第8章　ドル、債券、金、株の行方
第9章　注目の銘柄はこれだ！

ビジネス社の本

朝日新聞は日本の「宝」である

笑えるほどおかしい反日の正体

古森義久……著

40年にわたり、その報道姿勢を批判してきた著者が朝日新聞の罪を暴く！ジャーナリストとしての〝朝日新聞考察〟集大成の書!!

朝日新聞がなぜ日本の宝なのか。その理由は日本にとっての反面教師の価値がこれほど高い存在もまずないことである。日本がこれからどんな道を進めばよいのか。迷った時は、朝日新聞の主張をみて、その正反対の道を進めばよい。もちろん諧謔をこめての考察である。

本書の内容

第1章　朝日新聞の慰安婦虚報が日本を傷つけた
第2章　朝日新聞の虚報でアメリカが躍る
第3章　朝日新聞は日本が嫌い？
第4章　朝日新聞が世界をゆがめる
第5章　朝日新聞のトリック用語と言論抑圧
〜井沢元彦氏との対談より〜

定価　本体1400円＋税

ISBN978-4-8284-1782-0

ビジネス社の本

米朝首脳会談と中国、そして日本はどうなるのか

古森義久……著

定価　本体1500円＋税
ISBN978-4-8284-2041-7

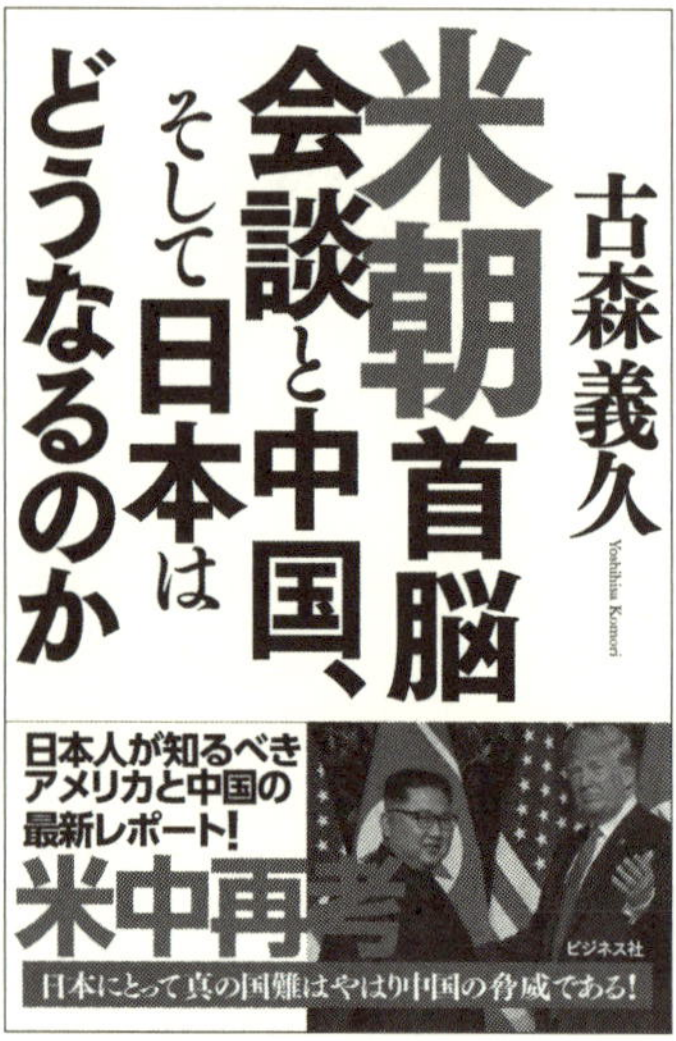

【米中再考】日本にとって真の国難はやはり中国の脅威である。

パックス・アメリカーナ時代は終焉した。各局面においてアメリカの力が弱まっている。トランプ政権になってからはそれが目に見えて加速していると、アメリカの有力メディアは伝えているが、正面から否定する。大統領選に敗れた民主党のメディアに対する根回しと、トランプ政権への異様なまでの過小評価だという。そんなアメリカではいったい何が起きているのか、トランプ政権の実相、外交の真意を論じる。

本書の内容

第1章　米中対決の新時代
第2章　米中の軍事せめぎあい
第3章　トランプ政権の読み方
第4章　トランプ外交政策とは
第5章　中国の「新皇帝」の独裁
第6章　アメリカに挑む中国
第7章　日本はどうなるのか？